HANNAH FREY

INNER GLOW

*Das ganzheitliche **28-Tage-Programm** für mein strahlendes Ich*

FOTOGRAFIE: BECCA CRAWFORD

INNER GLOW

Das ganzheitliche
28-Tage-Programm
für mein
strahlendes Ich

INHALT

Ich begleite dich bei deinem Retreat und gebe dir in diesem Buch meine erprobten Tipps und Rezepte für den Inner Glow an die Hand.

FINDE DEINEN GLOW!

Wahre Schönheit kommt von innen, heißt es – und das stimmt tatsächlich! Kurzfristig verhilft Make-up zwar zu einem makellosen Teint, was aber ist mit der rosigen Haut, dem glänzenden Haar, der geballten Power und dem Leuchten in den Augen? Die Rede ist vom Inner Glow – und den bekommt man nicht durch teure Cremes und die neuesten Beauty-Produkte. Die Ernährung und der Lifestyle spielen eine entscheidende Rolle. Zucker, Fertigprodukte, Fast Food und Alkohol lösen Entzündungen im Körper aus, die unser Erscheinungsbild fahl und matt wirken lassen. Mit leckerem Beauty-Food, Übungen zur Stressreduktion und Bewegung kannst du deinen Inner Glow hervorzaubern. Mit meinem Glow-Retreat ist das in nur 28 Tagen möglich.

LUST AUF INNER GLOW?

Ich habe ein ganzheitliches Wohlfühl-Paket rund um gesunde Ernährung, Bewegung, Yoga und Entspannung erstellt. Dabei begleite ich dich durch die drei Phasen des Inner-Glow-Retreats (Reset, Restart, Rebirth), mit denen dein Körper auf eine großartige Ausstrahlung programmiert wird. Gesunde Rezepte, Feel-good-Pläne, Vorratsliste und jede Menge Tipps für einen entspannten Lifestyle machen das Programm perfekt.

WIE ALLES BEGANN

Lange habe ich nach einem für mich passenden Retreat gesucht (Retreat = Rückzug). Ich wollte kein reines Yoga- oder Meditations-Retreat besuchen, sondern eines, das auch Bewegung, Achtsamkeit und vor allem eine gesunde Ernährung beinhaltet. Vergeblich. Also habe ich vor einigen Jahren begonnen, mir zu Hause kleine Auszeiten zu nehmen, um meine Batterien wieder aufzuladen und so nach und nach mein eigenes Home-Retreat kreiert. Es ging mir so großartig dabei, dass ich mich gefragt habe, weshalb ich nicht eher damit begonnen habe. Jedes Mal war es wie ein Kurzurlaub und ich fühlte mich danach wie neu geboren – klar, frisch und total erholt. Da ich diese beeindruckenden Erfahrungen weitergeben wollte, konzipierte ich vor einigen Jahren ein ganzheitliches Retreat rund um das Thema »Gesund leben« – genau so, wie ich es mir für mich selbst wünschte. 2017 ging mein erstes »Projekt: Gesund leben«-Retreat an den Start. Inzwischen finden meine Kurzurlaube für Körper und Geist in Deutschland, Österreich und auf Mallorca statt.

RETREATS FÜR JEDEN

Natürlich ist es nicht jedem möglich, sich längere Zeit aus dem Alltag auszuklinken und an einem Retreat auf Mallorca oder in Österreich teilzunehmen. Deshalb habe ich das ganzheitliche Inner-Glow-Programm entwickelt, das du in 28 Tagen zu Hause durchführen kannst. 28 Tage dauert es nämlich, bis sich die Zellen erneuert haben, dann siehst du schon die ersten Resultate. Du kannst das Programm genauso machen, wie ich es vorschlage – oder du suchst dir die Bausteine heraus, die du in deinem Alltag gut umsetzen kannst. Wichtig ist, dass du dir jeden Tag etwas Zeit für dich nimmst. Du wirst schnell merken, wie gut diese kleinen Auszeiten tun.

Ich wünsche dir viel Spaß dabei!

Herzlichst

Hannah Frey

DIE THEORIE

DES INNER GLOW

BEAUTY-FOOD

SKINCARE

MOVEMENT

MINDFULNESS

Für ein Retreat musst du nicht in die Ferne reisen. Du kannst auch zu Hause ganz bewusst Zeit nur für dich einplanen – für das Zubereiten gesunder Mahlzeiten, für Bewegung und Entspannung.

RETREAT FÜR ZU HAUSE

Fühlst du dich ständig schlapp, wirst du schnell müde und dein Teint ist fahl? Weit und breit keine Spur vom Inner Glow? Dann ist es höchste Zeit, etwas dagegen zu unternehmen und neue Energie zu tanken.

WAS IST DER INNER GLOW?

Der Inner Glow ist dein einzigartiges Strahlen, das von innen kommt. Das Ergebnis ist pure Energie, Lebensfreude, ein rosiger Teint und das gewisse Etwas. In jungen Jahren strahlen wir von alleine, weil unsere Haut eine starke Spannkraft hat und gut durchblutet wird. Je älter wir werden und je mehr Umwelteinflüssen wir ausgesetzt sind, je mehr Stress wir haben und je weniger wir uns bewegen und je ungesünder wir uns ernähren, desto fahler und dünner wird unsere Haut. Falten, Unebenheiten im Hautbild, Rötungen und Pickel sind die Folgen. Diesen Erscheinungen kannst du künftig entgegenwirken – ich zeige dir, wie das möglich ist.

DAS INNER-GLOW-RETREAT

Retreat bedeutet Rückzug und genau darum geht es beim Inner-Glow-Programm. 28 Tage lang nimmst du dir bewusst Zeit, tust dir selbst etwas Gutes, bekommst den Kopf frei, tankst Kraft und bringst Körper, Geist und Seele auf liebevolle Weise wieder in Einklang. Schon nach kurzer Zeit wirst du von innen heraus strahlen. Dein Energielevel steigt, du fühlst dich wacher und fitter. Ein Retreat kann der Start in eine bewusste, gesunde Lebensweise sein oder sie auf ein neues Level bringen. Du wirst schnell merken, wie Körper, Geist und Seele davon profitieren.

DIE VIER SÄULEN DES RETREATS

Die Inner-Glow-Kur steht auf vier Säulen: gesunde Ernährung (Food), Hautpflege (Skincare), Bewegung (Movement) und Achtsamkeit (Mindfulness). Dieser ganzheitliche Ansatz ist unerlässlich. Denn es hilft nichts, wenn du dich gesund und ausgewogen ernährst, aber kein bisschen bewegst. Oder wenn du dich gesund ernährst, also deine Haut von innen stärkst, aber sie von außen mit schädlichen Cremes pflegst. Es nützt auch nichts, wenn du sehr viel Sport treibst, aber dich ungesund ernährst. Oder wenn du dich gesund ernährst, dich ausreichend bewegst, aber trotzdem Tag für Tag gestresst bist. Für deine Gesundheit, dein Wohlbefinden, deine Zufriedenheit und deinen Inner Glow sind diese vier Säulen unabdingbar. Vernachlässigst du eine davon, entsteht ein Ungleichgewicht, das dich um dein Strahlen bringen kann.

WARUM 28 TAGE?

Das Retreat ist auf 28 Tage, also vier Wochen, angelegt. So hat der Körper ausreichend Zeit, um sich umzustellen. Der zweite Grund ist, dass sich in 28 Tagen die oberste unserer drei Hautschichten, die Epidermis, komplett erneuert, indem neue Hautzellen nachwachsen. Die Veränderungen durch das Retreat machen sich also nicht nur innerlich, sondern auch äußerlich bemerkbar – du wirst von innen nach außen strahlen.

DIE BESTE JAHRESZEIT

Idealerweise machst du ein Retreat im Frühling, wenn in der Natur alle Zeichen auf Neuanfang stehen. Aber du kannst es selbstverständlich auch in allen anderen Jahreszeiten durchführen.

DIE UMSETZUNG

Vielleicht fragst du dich, wie du 28 Tage Retreat zu Hause schaffen sollst? Keine Sorge, es ist nicht nötig, dafür vier Wochen frei zu nehmen. Das Retreat ist ein Mix aus Aktivität und Entspannung, Achtsamkeit und Self-Care. Im Fokus steht gesundes Essen, die Basis für deinen Inner Glow. Meine Vorschläge, wie du das Retreat gestalten kannst, sind kein Muss, passe sie einfach an deine Gegebenheiten an und übernimm das, was dir zusagt. Bereite beispielsweise dein Mittagessen vor und nimm es mit an den Arbeitsplatz, statt in der Kantine oder im Restaurant zu essen. Damit du nachmittags nicht zu Süßigkeiten greifen musst, stellst du einen Mix aus Nüssen, Kernen und Trockenfrüchten zusammen. Vielleicht kannst du die Mittagspause auch für einen kleinen Spaziergang nutzen. Atme dabei bewusst zehnmal hintereinander tief ein und aus. Das regt den Kreislauf an und macht den Kopf frei. Morgens stehst du etwas eher auf, um deine Morgenroutine durchzuführen, nach der Arbeit gehst du zum Yoga, zum Fitness oder du meditierst. Für das Wochenende planst du ausreichend Zeit nur für dich ein.

Mach Kochen zu einem wichtigen Teil deines Lebens – du wirst schnell merken, wie gut dir die frische Nahrung tut.

GIBT ES NEBENWIRKUNGEN?

In der Regel hat das Retreat keine Nebenwirkungen. Falls du Kopfschmerzen, Konzentrationsprobleme oder Verdauungsbeschwerden bemerkst, sollten diese nach wenigen Tagen verschwinden. Es kann passieren, dass dein Hautbild vorübergehend schlechter wird – abhängig davon, wie du dich vorher ernährt hast.

DIE MORGENROUTINE

Bewusst ausgeführte Routinen am Morgen sorgen für mehr Wohlbefinden und Schönheit von innen sowie ein strahlendes Hautbild. Du musst deine bisherige Morgenroutine allerdings nicht von heute auf morgen komplett umstellen. Schau einfach, welche der folgenden Vorschläge du in deinen Alltag integrieren kannst und was dir gut tut. Tipps, wie du deinen kompletten Tagesablauf gestalten kannst, findest du in den Feel-good-Plänen auf den Seiten 46 und 60–63.

ZITRONENWASSER MIT APFELESSIG

Direkt nach dem Aufstehen trinke ich ein großes Glas lauwarmes Wasser (400 ml) mit dem Saft von ½ Zitrone und 1 EL Apfelessig. Dies ist ein effektives und günstiges Anti-Aging-Mittel.

Nachts schwitzen wir bis zu ½ l Flüssigkeit aus, nach dem Aufstehen brauchen wir also erst einmal Wasser und Mineralstoffe. Damit helfen wir dem Körper die angesammelten Giftstoffe auszuspülen. Lauwarmes Wasser regt zudem die Verdauung an und bringt den Stoffwechsel in Schwung, das macht uns wach und fit. Zitronensaft ist ein natürliches Anti-Aging-Mittel, er enthält Antioxidantien, Kalium, Kalzium und Magnesium. Apfelessig hat entzündungshemmende und antibakterielle Eigenschaften. Er regt die Verdauung an, sorgt für reine Haut, beugt Heißhunger vor und soll sogar Cellulitis mindern.

MEDITATION UND YOGA

Starte morgens mit einer kurzen Meditation (5 bis 15 Minuten) in den Tag und mache anschließend ein paar Yogaübungen (zum Beispiel 5 Sonnengrüße). Die Meditation hilft dir, dich zu fokussieren, Yoga gibt Kraft für den Tag.

GESUND FRÜHSTÜCKEN

Ein gesundes Frühstück gehört unbedingt zur Morgenroutine. Leckere Rezepte findest du ab Seite 68. Auch empfehlenswert: Der Start in den Tag mit einem Beauty-Shot (siehe Seite 52/53).

BÜRSTEN UND WECHSELDUSCHEN

Bürste deinen Körper vor dem Duschen mit einer Trockenbürste ab (siehe Seite 25), das geht schnell und der Effekt ist unglaublich. Wechselduschen stärken das Immunsystem und geben einen Energy-Kick (siehe Seite 25).

DAS BETT MACHEN

Eine Studie ergab, dass 70 Prozent der Menschen, die morgens ihr Bett machen, sich glücklicher fühlen als Menschen, die ihr Bett zerwühlt hinterlassen. Zudem sollen sie ihre Jobs mehr mögen, produktiver sein und sich erholter fühlen. Probier‘s aus, es dauert nur wenige Minuten.

DIE ABENDROUTINE

Vielen Menschen fällt es schwer, nach der Arbeit abzuschalten. Die richtige Balance zwischen Haushalt, privaten Verpflichtungen, Freizeitaktivitäten und Entspannen zu finden, ist gar nicht so einfach. Quality-Time ist deshalb am Abend besonders wichtig. Mit einer guten Routine aus gesundem Essen, Bewegung und liebevollem Abschalten triffst du ideale Vorbereitungen für eine erholsame Nacht.

Nimm dir ganz bewusst Zeit für deine Morgenroutine – so startest du entspannt und glücklich in den Tag.

TIPP

Die Säure von Zitronensaft greift den Zahnschmelz an. Vermeide es deshalb, direkt nach deinem morgendlichen Zitronenwasser-Drink die Zähne zu putzen. Ein Abstand von etwa 30 Minuten ist ideal.

TIPP

Neben gesunder Ernährung steht auch Bewegung auf dem Retreat-Plan: Yoga hilft dir, zur Ruhe zu kommen, loszulassen und dein Energiekonto wieder aufzufüllen.

Plane während des Retreats jeden Tag ganz bewusst Zeit für dich ein, um zur Ruhe zu kommen.

Neue Routinen zu entwickeln geht nicht von heute auf morgen. Reflektiere in Ruhe, wie dein Abend aussieht und beginne Schritt für Schritt, dir neue Gewohnheiten anzueignen.

SPORT UND BEWEGUNG

Der Abend ist der ideale Zeitpunkt, um dich noch einmal so richtig auszupowern. Oder du legst zum Runterkommen eine Yoga-Session ein. Mich persönlich lässt das meditative Yin-Yoga besonders gut zur Ruhe kommen. Aber auch ein Spaziergang am Abend wirkt Wunder.

ABENDESSEN

Bereite dein Abendessen achtsam und aus gesunden Zutaten zu (siehe Seite 30). Jede Menge inspirierende Rezepte findest du ab Seite 84.

DEIN WOHLFÜHLRITUAL

Plane abends bewusst Zeit für dein persönliches Wohlfühlritual ein. Das muss nicht lange sein, 5 bis 10 Minuten reichen schon aus, etwa für eine Tasse Entspannungstee. Aber auch ein Buch lesen kann »Me-Time« sein.

MEDITATION

Meditationen entspannen, fokussieren die Gedanken und bauen Stress ab. Ob Atem- oder Kerzenmeditation (siehe Seite 30/31) ist nebensächlich – wichtig ist, dass du zur Ruhe kommst.

ABSCHALTEN

Etwa eine Stunde vor dem Schlafengehen solltest du Laptop, Smartphone, Tablet und Fernseher aussschalten. Wer abends noch vor dem Bildschirm sitzt, hat häufiger Probleme einzuschlafen. Der Grund dafür ist, dass das bläuliche Bildschirmlicht den Melatoninspiegel beeinflusst. Melatonin ist das Schlafhormon, das unseren Schlaf-Wach-Rhythmus steuert.

SCHLAF

Während wir schlafen, finden im Körper zahlreiche Reparaturmaßnahmen statt. Der Körper erholt sich, das Immunsystem wird gestärkt und beschädigte Zellen werden repariert. Achte deshalb darauf, dass du ausreichend schläfst. Die meisten Erwachsenen brauchen 7 bis 9 Stunden Schlaf. Wenn du morgens frisch und ausgeruht bist, sind Länge und Qualität deines Schlafs gut. Musst du dich hingegen aus dem Bett quälen und hast Probleme auf Touren zu kommen, heißt das, dass du nicht lange genug geschlafen hast. Geh einfach ein paar Mal früher ins Bett und beobachte, wie du dich morgens fühlst.

BEAUTY-FOOD – SCHÖNHEIT VON INNEN

Natürliche Lebensmittel sind wahre Beauty-Booster und sorgen für reine Haut, glänzende Haare und eine großartige Ausstrahlung – jede Menge Gründe, um sie täglich in den Speiseplan zu integrieren.

Beeren sind ideal für den Inner Glow. Außerhalb der Saison kannst du gerne auch zu TK-Beeren greifen.

Ist dir bewusst, wie wichtig gesunde Ernährung für eine strahlend schöne Haut ist? Der viel zitierte Glow lässt sich nicht mit teuren Cremes erreichen – viel wichtiger sind eine gesunde Ernährung und ein bewusster Lebensstil. Wer sich ausgewogen und vollwertig ernährt und die Hauptauslöser von Hautproblemen und vorzeitiger Hautalterung eliminiert – UV-Strahlung, Stress, Nikotin und Alkohol –, wird mit strahlend schöner Haut belohnt.

FREIE RADIKALE

Freie Radikale, die Glow-Killer Nummer eins, sind chemische Verbindungen, die Körperzellen schädigen können. Sie entstehen bei alltäglichen Stoffwechselprozessen, etwa beim Atmen oder Essen. Sie gelangen aber auch durch äußere Einflüsse wie Umweltbelastungen oder UV-Strahlung in unseren Körper. Ungesunde Ernährung, Stress, Schlafmangel, Nikotin und Alkohol begünstigen ihre Entstehung.

OXIDATIVER STRESS

Wenn in unserem Körper mehr freie Radikale entstehen, als unschädlich gemacht werden können, spricht man von oxidativem Stress. Die Folgen sind zum einen ein beschleunigter Alterungsprozess, es kann aber auch zu chronischen Entzündungen oder zu Krebs kommen.

ANTIOXIDANTIEN

Um freie Radikale zu neutralisieren, braucht unser Körper Antioxidantien. Das sind Wirkstoffe, die eine unerwünschte Oxidation verhindern und freie Radikale unschädlich machen. So tragen sie dazu bei, dass Entzündungen im Körper gehemmt werden und der Alterungsprozess verlangsamt wird.

TIPP
Ernähre dich abwechslungsreich mit viel Obst und Gemüse, dann nimmst du unweigerlich auch jede Menge Antioxidantien auf.

Wenn du einen Apfel aufschneidest, verfärbt er sich nach einiger Zeit auf den Schnittflächen. Dieser Vorgang wird Oxidation genannt und durch ein Enzym verursacht, das mit dem Sauerstoff in der Luft reagiert. Zitronensaft verhindert eine Oxidation, weil er das Antioxidans Vitamin C enthält. Auch die Vitamine A und E sowie sekundäre Pflanzenstoffe wie Carotinoide (Betacarotin) und Polyphenole (Anthocyane und Flavonoide) sind Antioxidantien.

WO KOMMEN ANTIOXIDANTIEN VOR?

Einen kleinen Teil Antioxidantien produziert unser Körper selbst, den Großteil müssen wir mit der Nahrung aufnehmen. Antioxidantien stecken in zahlreichen Obst- und Gemüsesorten, häufig direkt unter der Schale, weshalb du sie möglichst ungeschält essen solltest. Sie kommen aber auch in Vollkorngetreide, Hülsenfrüchten, Nüssen, Samen, Fischen sowie in Tee (grün, schwarz) und Kaffee vor. Frische, saisonale Produkte sind besonders reich an Antioxidantien. Achte deshalb darauf, möglichst viel davon in deine Mahlzeiten zu integrieren.
Welches Antioxidans in einem bestimmten Gemüse steckt, kannst du an seiner Farbe erkennen. Das ist zwar unerheblich für deine Ernährung, aber ganz interessant:

- Carotinoide findet man in grünem, gelbem und orangefarbenem Obst und Gemüse, beispielsweise in Grünkohl, Orangen und Möhren.
- Anthocyane verleihen Obst und Gemüse eine intensive rote, violette bis dunkelblaue Farbe. Reichlich Anthocyane enthalten Heidelbeeren, Kirschen, Auberginen, Rotkohl und Rote Bete.
- Flavonoide stecken häufig in gelbem und orangefarbenem Obst und Gemüse, etwa in Trauben, Äpfeln, Zwiebeln, gelber Paprika, aber auch in Nüssen, Brokkoli und Grünkohl.

DER ORAC-WERT

Der ORAC-Wert (Oxygen Radical Absorption Capacity) gibt Auskunft über die Konzentration der Antioxidantien. Je höher der ORAC eines Lebensmittels, desto mehr freie Radikale können dadurch neutralisiert werden, was wiederum unsere Zellen schützt. Der ORAC-Wert der Lebensmittel wird im Labor bestimmt, er ist ähnlich wie der Kalorienwert ein Instrument, das uns Orientierung bei der Lebensmittelwahl gibt.

UNSER TAGESBEDARF

Der Tagesbedarf an Antioxidantien, mit denen wir unseren Körper vor schädlichen freien Radikalen schützen können, liegt bei 5000 bis 7000 ORAC-Einheiten. Wie viele ORAC-Einheiten ein Mensch benötigt, hängt vom individuellen Lebensstil ab. Grob vereinfacht könnte man sagen: Wer in der Stadt wohnt, ständig Lärm und Abgasen ausgesetzt ist und dazu noch in einem stressigen Job steckt, hat einen höheren Bedarf als jemand, der auf dem Land lebt und einer entspannten Arbeit nachgeht.
Der ORAC-Wert eines Lebensmittels kann ebenfalls schwanken. Er ist abhängig von Sorte, Reife und Erntezeitpunkt. Wenn du dich ausgewogen mit viel frischen Lebensmitteln ernährst, bist du in jedem Fall auf der sicheren Seite. Beeren etwa stecken voller Antioxidantien – schon eine Handvoll Beeren (etwa 100 g) enthalten die täglich empfohlene Menge der Radikalfänger (etwa 6500 ORAC-Einheiten).
Du musst jetzt aber nicht über die aufgenommenen ORAC-Einheiten Buch führen. Ernähre dich abwechslungsreich und gesund, dann hast du alles für einen perfekten Inner Glow. Viel wichtiger ist es, die auf den folgenden Seiten aufgeführten Inhaltsstoffe im Blick zu haben.

VITAMIN A

Der sekundäre Pflanzenstoff Betacarotin steckt meist als gelber oder orangefarbener Farbstoff in Gemüse und Obst, er wird im Körper zu Vitamin A umgewandelt. Dieses Antioxidans schützt uns vor oxidativem Stress, hat somit eine entzündungshemmende Wirkung, unterstützt den Aufbau und die Reparatur von Hautzellen und beugt vorzeitiger Hautalterung vor. Das Vitamin stärkt zudem unsere Augen, besonders für die Netzhaut ist es wichtig. Daneben sorgt es für einen natürlichen Sonnenschutz von innen. Vitamin A kommt unter anderem in Kürbissen, Möhren, Süßkartoffeln, Aprikosen, Heidelbeeren, Grünkohl, Brokkoli und Spinat vor.

VITAMIN C

Das Antioxidans Vitamin C stimuliert das Immunsystem, stärkt Bindegewebe, Knochen und Zähne. Der Körper benötigt dieses Vitamin für viele Stoffwechselvorgänge, etwa um Hormone auszuschütten. Zudem fördert Vitamin C die Aufnahme von Eisen und Kalzium im Darm, es stärkt das Immunsystem und fördert die Wundheilung. Es hilft beim Aufbau von Kollagen im Körper und sorgt so für ein kräftiges Bindegewebe. Da Vitamin C hitzeempfindlich ist, sollte man es nach Möglichkeit vor großer Hitze schützen – also öfter mal Spinat oder Grünkohl in den Smoothie mixen. Vitamin C kommt unter anderem in Zitrusfrüchten, Sanddorn, Brokkoli, Grünkohl, Spinat und Paprika vor.

VITAMIN E

Vitamin E gilt als Schönheits- und Anti-Aging-Vitamin. Es sorgt für die Zellerneuerung und damit für die Regeneration der Haut – beste Voraussetzungen für einen frischen Glow. Häufig wird das Antioxidans deshalb in Hautpflegeprodukten verwendet. Es stärkt auch den Haarwuchs. Außerdem soll es Ablagerungen in den Blutgefäßen entgegenwirken und so Blutgerinnsel verhindern können, die wiederum Auslöser von Thrombosen, Herzinfarkten, Arteriosklerose und Schlaganfällen sind. Vitamin E kommt in Avocados, Nüssen, Samen und Ölen sowie in fettreichen Fischen wie Lachs vor.

Granatäpfel entkerne ich in einer mit Wasser gefüllten Schüssel – das vermeidet rote Spritzer.

VITAMIN B7 (BIOTIN)

Vitamin B7, besser als Biotin bekannt, ist ein wichtiger Baustein für eine gesunde, schöne Haut sowie für kräftige Haare und feste Fingernägel. Es kommt in Haferflocken, Nüssen, Bananen, Spinat und Avocados vor.

SEKUNDÄRE PFLANZENSTOFFE

Zu den sekundären Pflanzenstoffen zählen Carotinoide, Flavonoide, Anthocyane, Sulfide und viele mehr. Während die primären Pflanzenstoffe (Kohlenhydrate, Proteine und Fette) direkt dem Aufbau und Erhalt einer Pflanze dienen, erfüllen die sekundären Pflanzenstoffe nachgeordnete, jedoch ebenfalls lebenswichtige Funktionen. Als Farb- und Aromastoffe locken sie Bestäuber und Samenverbreiter an, etwa Bienen und Vögel, und sind damit für die Fortpflanzung von Pflanzen unabdingbar. Sie schützen Pflanzen zudem vor Fressfeinden und Krankheitserregern, vor intensiver UV-Strahlung und schädlichen Klimaeinflüssen. Indem wir Obst, Gemüse, Nüsse und Samen essen, nehmen wir alle diese positiven Eigenschaften mit auf: Sekundäre Pflanzenstoffe schützen unseren Körper vor Entzündungen, sie stärken unsere Abwehrkräfte, sollen der Entstehung von Krebs, Alzheimer und Herz-Kreislauf-Erkrankungen vorbeugen und sowohl den Cholesterinspiegel als auch Blutdruck und Blutzuckerspiegel günstig beeinflussen.

OMEGA-3-FETTSÄUREN

Sie gehören mit den Omega-6-Fettsäuren zu den mehrfach ungesättigten Fettsäuren. Omega-3-Fettsäuren sind nicht nur lebensnotwendig, sondern auch für unseren natürlichen Glow unabdingbar. Ungesättigte Fettsäuren wirken durchblutungsfördernd und blutdrucksenkend. Sie erhöhen das »gute« HDL-Cholesterin und senken das »schlechte« LDL-Cholesterin. Darüber hinaus reduzieren sie oxidativen Stress, wirken stark entzündungshemmend und schützen die Haut dank ihrer Antioxidantien vor vorzeitiger Alterung.

TIPP

Keine Angst vor Fett! Omega-3-Fettsäuren sind supergesund, deshalb sollten wir sie täglich aufnehmen – als Öl im Salat oder in Fischgerichten.

Da unser Körper Omega-3-Fettsäuren nicht selbst herstellen kann, müssen sie mit der Nahrung aufgenommen werden. Sie kommen unter anderem in fettreichen Fischen wie Lachs, Hering, Makrele und Sardinen, in Hanf- und Chia-Samen, Walnüssen sowie in Walnuss- und Leinöl vor. Die beiden Öle sollten nur leicht erhitzt oder kalt verwendet werden, etwa in Salat-Dressings. Leinöl wird übrigens sehr schnell ranzig, weshalb man es nach Anbruch der Flasche kühl und dunkel lagern – zum Beispiel im Kühlschrank – und zügig aufbrauchen sollte.

Zitronen enthalten wie alle Zitrusfrüchte jede Menge Antioxidantien. Sie sollten deshalb täglich auf deinem Speiseplan stehen – pur oder als Bestandteil deiner Gerichte.

MEINE 10 BEAUTY-FOODS

Natürliche Lebensmittel sorgen für eine reine Haut. Den schönsten Glow erreichst du mit einem abwechslungsreichen Speiseplan, bei dem du viele Beauty-Foods miteinander kombinierst. Rezepte dazu findest du ab Seite 48. Meine zehn liebsten Beauty-Foods von Avocados bis Zitrusfrüchten stelle ich dir nachfolgend vor.

AVOCADOS

Avocados haben den höchsten Fettgehalt – bis zu 30 Prozent – aller bekannten Obst- und Gemüsesorten und enthalten jede Menge ungesättigte Fettsäuren, die für eine schöne Haut sorgen. Außerdem finden sich in ihnen die Vitamine A, C und E sowie B-Vitamine, Folsäure, Kalium, Magnesium und Eisen. Ihre Antioxidantien schützen vor freien Radikalen und haben eine entzündungshemmende Wirkung.

BEEREN

Beeren, vor allem Heidelbeeren, enthalten besonders viele Antioxidantien und wirken somit stark entzündungshemmend. Zu den Antioxidantien gehören Anthocyane, ein blauer Pflanzenfarbstoff, der hitzeempfindlich ist. Deshalb Beeren am besten roh oder nur ganz kurz erhitzt genießen, bei längerem Kochen wird ein Teil der Antioxidantien zerstört. Das hitzeempfindliche Vitamin C kommt ebenfalls reichlich in Beeren vor. Es unterstützt die Immunabwehr und fördert die Eisenaufnahme. Darüber hinaus enthalten Beeren viele Ballaststoffe, die für eine gesunde Darmfunktion wichtig sind. Außerhalb der Beerensaison kannst du einfach zu TK-Ware greifen. Achte aber darauf, dass den gefrosteten Beeren kein Zucker zugesetzt wurde.

BROKKOLI

Brokkoli hat Vitamin-C-Spitzenwerte: 94 mg pro 100 g. Um das hitzeempfindliche Vitamin C zu schützen, sollte Brokkoli lieber gedünstet statt gekocht werden. Noch besser: Ab und zu einfach mal roh essen, beispielsweise fein geschnitten als Salat. Den Stiel kann man übrigens auch essen – schälen, in feine Scheiben schneiden und kurz dünsten. Er erinnert geschmacklich an Kohlrabi.

CEYLON-ZIMT

Die am weitesten verbreitete Zimtsorte ist Cassia-Zimt. Sie enthält im Gegensatz zum gesünderen Ceylon-Zimt vergleichsweise viel Cumarin.

Die Avocadosorte Hass mit der dunklen, unebenen Schale findest du fast in jedem Supermarkt.

TIPP

Wenn du nur ½ Avocado verwendest, belässt du den Kern in der übrigen Hälfte und beträufelst die Schnittfläche mit Zitronensaft. So bleibt das Fruchtfleisch schön grün.

TIPP

Ingwer sollte möglichst nicht geschält werden, denn seine gesunden Inhaltsstoffe befinden sich direkt unter der Schale. Wenn bei älterem Ingwer die Schale aber manchmal doch weg soll, schabe ich sie einfach ganz dünn mit einem Teelöffel ab.

Ingwer und Kurkuma haben eine antibakterielle Wirkung und sind deshalb ideal, um Erkältungen vorzubeugen.

Cumarin ist ein sekundärer Pflanzenstoff, der insbesondere bei Menschen mit Leberschäden weitere Entzündungen auslösen kann. Ceylon-Zimt erkennst du an den dünnen Rindenschichten, die den Hohlraum in den Zimtstangen fast ausfüllen. Cassia-Zimt hingegen hat dicke Rindenschichten und ist in der Mitte hohl. Ceylon-Zimt enthält jede Menge Antioxidantien, hat somit entzündungshemmende Eigenschaften und wirkt einer frühzeitigen Hautalterung entgegen. Er regt den Stoffwechsel an und wirkt positiv auf den Cholesterinspiegel und Diabetes. Ich verwende Zimt gerne in Kombination mit süßen Lebensmitteln wie Obst, aber er passt auch zu Gemüse sehr gut, etwa zu Kürbis.

GRANATÄPFEL

Ein Granatapfel enthält bis zu 400 Samen, die voller Kalium, Kalzium, Eisen, B-Vitamine und antioxidativ wirksamer Flavonoide und Anthocyane sind. Diese Antioxidantien sorgen für ein reines Hautbild und beugen Entzündungen vor.

GRÜNER TEE

Grüner Tee enthält besonders viele Polyphenole. Diese Antioxidantien bekämpfen freie Radikale und beugen so vorzeitiger Hautalterung vor. Für eine reine Haut sorgt grüner Tee natürlich auch, nicht zuletzt weil wir durch seinen Genuss viel Flüssigkeit aufnehmen.

INGWER

Ingwer enthält Gingerol, einen Scharfstoff, der für den typischen Geschmack der scharfen Wurzel verantwortlich ist. Gingerol wirkt stark entzündungshemmend, schmerzstillend sowie durchblutungsfördernd und kreislaufanregend. Insgesamt hat Ingwer eine antibakterielle, desinfizierende Wirkung und ist deshalb hilfreich bei Erkältungen. Darüber hinaus besitzt er reichlich Vitamin C, verschiedene B-Vitamine und Mineralstoffe. Er regt den Stoffwechsel an, wodurch mehr Energie verbraucht wird und reduziert gleichzeitig den Appetit. Die Inhaltsstoffe von Ingwer sind nicht hitzeempfindlich, deshalb kann man ihn nicht nur als Geschmackszusatz in einem Glas Wasser genießen, sondern auch aufgebrüht als Tee oder als Gewürz in Gemüsegerichten und Currys verwenden.

Nicht nur das Äußere profitiert von gesundem Beauty-Food – meine neu gewonnene Energie ist unbezahlbar.

KURKUMA

Der Inhaltsstoff Curcumin ist für die leuchtend gelbe Farbe, die antioxidativen Eigenschaften und die antientzündliche Wirkung von Kurkuma verantwortlich. Daneben enthält die »gelbe Wurzel«, wie sie oftmals genannt wird, Mangan, Eisen, Vitamin B6, Ballaststoffe, Kupfer und Kalium. Sie hat eine verdauungsfördernde Wirkung, fördert die Funktion der Leber, stärkt die Knochen, die Haut, das Immunsystem und trägt zur Gesunderhaltung des Nervensystems bei.

LACHS

Mit seinem hohen Gehalt an Omega-3-Fettsäuren hat Lachs eine stark entzündungshemmende Wirkung. Darüber hinaus ist er eine gute Quelle für Vitamin D, welches das Immunsystem stärkt. Lachs sollte deshalb mindestens zweimal in der Woche auf dem Speiseplan stehen. Auch andere Fische mit hohem Fettanteil wie Forelle, Heilbutt, Makrele und Hering sind gute Quellen für Omega-3-Fettsäuren.

ZITRUSFRÜCHTE

Zitronen, Limetten, Orangen, Grapefruits, Mandarinen, Pomelos und Kumquats enthalten jede Menge Vitamin C. Das Antioxidans stärkt die Immunabwehr und unterstützt die Produktion von Kollagen, wodurch die Spannkraft unserer Haut erhalten bleibt.

DIE SÄURE-BASEN-BALANCE

Eine basenarme Ernährung mit viel Fleisch, Auszugsmehlen und Milchprodukten bringt den Säure-Basen-Haushalt aus dem Gleichgewicht. Um die Haut zum Strahlen zu bringen, ist ein ausgeglichener Säure-Basen-Haushalt aber wichtig. Typische Anzeichen dafür, dass die Haut übersäuert ist, sind Trockenheit, unangenehme Spannungsgefühle und Juckreiz. Fahle, blasse Haut, eventuell mit Rötungen, kann ebenfalls ihre Ursache in einem Säureüberschuss haben. Normalerweise reguliert der Körper das Säure-Basen-Gleichgewicht von selbst – Pufferkapazität wird diese Eigenschaft genannt. Wenn es jedoch über einen längeren Zeitraum einen

WAS LÄSST DIE HAUT VORZEITIG ALTERN?

Wie schnell wir äußerlich altern, hängt neben unseren Genen ganz entscheidend von unserem Lebensstil ab. Umwelteinflüsse wie Smog und UV-Strahlen, aber auch Rauchen und Alkohol nehmen unserer Haut ihre jugendliche Frische. Mitverantwortlich für eine vorzeitige Hautalterung ist außerdem eine ungesunde Ernährung. Welche Nahrungsmittel du von deinem Speiseplan streichen solltest, erkläre ich ab Seite 35.

WAS KÖNNEN WIR TUN?

Etwa 20 bis 30 Prozent der Hautveränderungen werden durch genetische Faktoren bestimmt, die restlichen 70 bis 80 Prozent durch Umwelteinflüsse. Während wir an unseren Genen nichts ändern können, liegen unsere Essgewohnheiten, unser Alkohol- und Tabakkonsum, Sonnenschutz und die Tatsache, ob wir Sport machen oder nicht, in unserer Hand. Haben wir einen tendenziell ungesunden Lebensstil, entstehen nicht nur freie Radikale, auch die Kollagenfasern leiden darunter. Die Haut kann nicht mehr so viel Wasser speichern und verliert Elastizität, ihre Grundvoraussetzung für den Inner Glow. Deshalb ist ein gesunder Lebensstil wichtiger als jede vielversprechende Anti-Falten-Creme.

KOLLAGEN UND CO.

Kollagenfasern und das mit ihnen verwandte Strukturprotein Elastin machen unsere Haut stabil, elastisch und speichern Wasser. Dieses Fasergerüst wird von feinsten Blutgefäßen durchzogen, die die Epidermis (die oberste Hautschicht) und die Dermis (die darunterliegende Hautschicht) mit Nährstoffen und Sauerstoff versorgt. Die Subcutis (Unterhaut) liegt noch eine Schicht tiefer, sie speichert ebenfalls Wasser. Mit zunehmendem Alter nehmen Kollagen und Elastin ab, was zur Folge hat, dass die Haut nicht mehr so viel Feuchtigkeit speichern kann. Sie verliert an Spannkraft und wird faltig. Auch die Epidermis braucht mit Laufe der Jahre immer länger, um sich zu erneuern. Besonders auffällig ist das bei der Wundheilung: Hautverletzungen heilen im Alter langsamer als in jungen Jahren.

Gemüse kommt jeden Tag auf den Teller.

Säureüberschuss gibt, kommt das Regulierungssystem nicht mehr dagegen an. Die Folge: Überschüssige Säure wird im Bindegewebe eingelagert und verdrängt das gespeicherte Wasser. Die Haut wird trockener und verliert an Elastizität. Zusätzlich verschlechtert sich die Versorgung mit Nährstoffen und Vitaminen, die für den Inner Glow unabdingbar sind. Um wieder ins Säure-Basen-Gleichgewicht zu gelangen, müssen die Ernährungsgewohnheiten umgestellt werden.

BALANCE IST MESSBAR

Aussagekräftige Werte über unseren Säure-Basen-Haushalt ergibt ein Bluttest. Einen ausgeglichenen Säure-Basen-Haushalt haben wir, wenn der pH-Wert im basischen Bereich zwischen 7,35 und 7,45 liegt. Unterhalb von 7,35 ist er im sauren Bereich. Bluttests, die der Hausarzt vornimmt, sind aussagekräftiger als Teststreifen, die den pH-Wert im Urin messen, da der pH-Wert des Urins ohnehin im leicht sauren Bereich liegt.

EIN AUSGEGLICHENER HAUSHALT

Mit einer gesunden, ausgewogenen Ernährung kann der Säure-Basen-Haushalt wieder ins Gleichgewicht gebracht werden. Idealerweise sollten 70 bis 80 Prozent unserer Mahlzeiten aus basischen Lebensmitteln bestehen. Mineralstoffreiche pflanzliche Lebensmittel wie Obst, Gemüse und Kräuter sind besonders basenbildend. Tierische Lebensmittel wie Fleisch, Wurst, Fisch und Käse hingegen sorgen für eine vermehrte Säureproduktion. Deshalb findest du in diesem Buch auch keine Rezepte mit Fleisch, Wurst und Milchprodukten, allerdings welche mit Fisch. Insbesondere Lachs hat durch seine Omega-3-Fettsäuren sehr positive Wirkungen auf die Haut. Grundsätzlich gilt: Mach dich, was die basen- und säurebildenden Nahrungsmittel betrifft, bitte nicht verrückt. Wenn du dich gesund und ausgewogen ernährst, raffinierten Zucker, ungesunde Fette, Fast Food und Convenience-Produkte aus deiner Ernährung streichst, tust du deinem Körper bereits sehr viel Gutes. Du wirst schnell merken, dass du mehr Energie hast und dich wohler fühlst.

Grünkohl wird frisch nur im Winter, Blumenkohl das ganze Jahr über angeboten.

ERWÜNSCHTE SÄUREBILDNER

Die Rezepte in diesem Buch enthalten reichlich pflanzliche Lebensmittel, die basenbildend sind. Eiweißlieferanten wie Hülsenfrüchte zählen jedoch zu den säurebildenden Lebensmitteln. Sie sind für eine gesunde und ausgewogene Ernährung jedoch unabdingbar und dürfen deshalb nicht nur, sie sollen sogar 20 bis 30 Prozent deiner Mahlzeiten ausmachen.
Auch Getreide hat eine säurebildende Wirkung. Vollkorngetreide liefert aber jede Menge Ballaststoffe, Vitamine, Mineralstoffe und Spurenelemente. Vor der Verwendung von weißem Mehl rate ich jedoch ab, darin finden sich kaum noch Ballast- und Mikronährstoffe.

ZUCKER MEIDEN

Raffinierter Haushaltszucker wirkt säurebildend und enthält keinerlei essenzielle Nährstoffe, weshalb er gemieden werden sollte. Seine »leeren Kalorien« führen zu einem erhöhten Blutzuckerspiegel, wodurch weniger Säure ausgeschieden wird. So trägt Zucker indirekt zur Übersäuerung bei. Darüber hinaus hat Zucker viele negative Einflüsse auf unsere Haut (siehe Seite 36) und sollte schon allein deswegen gemieden werden.

ALKOHOL STREICHEN

Alkohol verhindert die Säureausscheidung über die Leber und die Nieren. Somit fördert er eine Übersäuerung des Körpers und hat einen schlechten Einfluss auf die Säure-Basen-Balance. Er sollte deshalb gemieden werden.

EINE AUSGEGLICHENE LEBENSWEISE

Die Lunge ist unser wichtigstes Organ für die Säureausscheidung. Mit jedem Atemzug atmen wir große Mengen an Säuren in Form von Kohlendioxid aus. Je intensiver wir ausatmen, desto mehr Säuren scheiden wir aus. Aus diesem Grund ist neben einer basenbildenden Ernährung regelmäßige Bewegung an der frischen Luft besonders wichtig. Atemübungen, die die Atemzüge intensivieren, sind ebenfalls hilfreich (siehe Seite 26). Lang anhaltender negativer Stress kann ebenfalls zu einer Übersäuerung beitragen und sollte deshalb möglichst abgestellt werden (siehe Seite 29). Die Stresshormone Cortisol und Adrenalin sorgen zwar dafür, dass die Atmung schneller, gleichzeitig aber auch flacher wird. In negativen Stressphasen können wir also weniger Säure ausscheiden als in Zeiten, in denen wir seelisch im Gleichgewicht sind.

Eine Auswahl an Bohnen, Linsen und Co. solltest du stets vorrätig haben. Sie liefern jede Menge Proteine, Vitamine und Mineralstoffe.

TIPP

Die meisten Hülsenfrüchte haben eine lange Garzeit. Wenn es schnell gehen soll, kannst du auch Bohnen und Kichererbsen aus dem Glas verwenden. Überprüfe jedoch in der Zutatenliste, dass den Konserven kein Zucker zugesetzt wurde.

SKINCARE – DIE HAUT NÄHREN

Beauty inside out: Mit einer ausgewogenen Ernährung stärkst du deine Haut von innen, mit natürlicher Pflege schützt du sie von außen – perfekte Voraussetzungen für den Inner Glow.

Auch bei Pflegeprodukten ist es wichtig, die Inhaltsstoffe zu prüfen und zu möglichst natürlichen Produkten zu greifen.

Die Haut ist unser größtes Organ und der Spiegel unserer Seele. Ist unser Teint rosig und frisch, geht es uns in der Regel auch gut. Haben wir hingegen trockene Haut, Rötungen und Pickel, weist das auf Stress oder andere Ursachen hin, die das Gleichgewicht unseres Körpers stören.

PFLEGE VON AUSSEN

Unsere Haut wird von innen genährt. Doch sie ist auch in der Lage, Stoffe von außen aufzunehmen. Grund genug, einmal einen genauen Blick auf unsere Reinigungs- und Pflegeprodukte sowie unser Make-up zu werfen.

- Alle Produkte, die Alkohol (Ethanol) enthalten, solltest du aussortieren, denn Alkohol reizt die Haut und trocknet sie aus. Auch Glycerin trocknet die Haut aus. Dieser Weichmacher steckt in vielen Cremes, hat aber nichts in deinen Pflegeprodukten zu suchen.
- Aluminiumsalze, die in vielen Deodorants, aber auch in Sonnencremes und Lippenstiften stecken, stehen im Verdacht, Brustkrebs und Alzheimer zu begünstigen.
- Mineralöle sorgen kurzzeitig dafür, dass die Haut weich und geschmeidig wird – tatsächlich legt sich aber ein Film auf die Haut, der die Poren verstopft und die Haut nicht atmen lässt.

Verwende also am besten zertifizierte Naturkosmetik, damit bist du auf der sicheren Seite. Ihre Inhaltsstoffe basieren auf natürlichen

Rohstoffen. Auszüge von Aloe Vera, Mandeln, Avocados, Granatapfel und Sanddorn enthalten Antioxidantien und beugen so einer frühzeitigen Hautalterung vor.

TROCKENBÜRSTEN

Abgestorbene Hautschüppchen können wir mit einer trockenen Bürste wie bei einem Peeling sanft entfernen. Das wirkt verjüngend, denn es

TIPP
Körperbürsten für deine anregende Morgenroutine bekommst du in zahllosen Formen und Qualitäten in Drogeriemärkten und Internetshops.

fördert die Durchblutung, sorgt für einen belebenden Wach-Effekt und kann das Immunsystem stärken. Auch der Lymphfluss wird stimuliert, wodurch auf lange Sicht Cellulitis gemindert werden kann.
Idealerweise integrierst du das Trockenbürsten in deine Morgenroutine (siehe Seite 11/12). Dafür die Haut morgens vor dem Duschen mit einer trockenen Körperbürste behandeln – abends ist dies zu anregend. Wichtig ist, immer entlang des Lymphflusses zu arbeiten, also in Richtung Brust. Beginne an den Fußrücken und streiche die Beine hoch, dann die Arme von den Händen aus zur Schulter hochstreichen. Rücken und Bauch bürstest du kreisförmig.

Trockenbürsten regt die Durchblutung an. Du wirst dich anschließend fit und vital fühlen.

WECHSELDUSCHE

Nach dem Trockenbürsten gibt es eine Wechseldusche. Beim warmen Duschen weiten sich die Gefäße, durch kaltes Wasser ziehen sie sich reflexartig wieder zusammen. Dieser Wechsel aktiviert den Kreislauf und regt die Durchblutung an, die Haut sieht rosig und frisch aus.
So startest du frisch in den Tag, stärkst dein Immunsystem und sorgst für einen natürlichen Glow. Stelle dich zuerst unter die warme Dusche. Danach braust du deinen Körper etwa eine Minute lang kalt ab – beginne dafür am rechten Fuß (die Stelle, die am weitesten vom Herz entfernt ist) und führe den Wasserstrahl am Bein nach oben. Danach folgen der linke Fuß und das linke Bein. Brause dann beide Arme beginnend an den Händen ab, anschließend Bauch, Brust, Rücken und Gesicht. Führe die Wechseldusche zweimal hintereinander durch, also warm, kalt, warm, kalt. Wichtig: Die Wechseldusche mit kalt beenden, abtrocknen und wieder aufwärmen. Creme deine Haut nach dem Duschen mit einer natürlichen Lotion ein. Das kann der wohlige Abschluss deines Morgenrituals werden – eine kleine Auszeit, bevor der Tag Fahrt aufnimmt.

MOVEMENT – DER JUNGBRUNNEN

Es muss nicht immer Sport sein: Schon moderate körperliche Betätigung intensiviert die Durchblutung des Körpers und damit auch der Haut. Das wirkt sich positiv auf die Zellregeneration aus – ideal für den Inner Glow.

In Kombination mit einer ausgewogenen Ernährung ist Bewegung der beste Weg, um gesund und fit zu bleiben. Bewegung sorgt für eine gesunde Verdauung, stärkt das Immunsystem, baut Stress ab und hilft bei Schlafproblemen. Sie schützt den Organismus vor den schädlichen Auswirkungen von Stress, indem sie die durch Stress zusätzlich zur Verfügung stehende Energie verbraucht. Körperliche Aktivität erhöht außerdem die Widerstandskraft gegenüber Stress, fördert das seelische Wohlbefinden und hilft, Abstand zu den Alltagsproblemen zu gewinnen. Der Kopf wird frei, die Gedanken kommen zur Ruhe. Gleichzeitig sorgt Bewegung dafür, dass unser Körper Glückshormone ausschüttet, die ebenfalls Stress entgegenwirken.

HAUPTSACHE SPORT

Ein zügiger Spaziergang an der frischen Luft ist wie die Yogastunde oder der Pilates-Kurs ein natürlicher Glow-Booster. Wenn Yoga nichts für dich ist, dann besuchst du einen Tanzkurs oder gehst joggen. Wenn du dich im Fitnessstudio nicht wohlfühlst, mach einen zügigen Spaziergang oder schwing dich aufs Fahrrad. Für welche Art der Bewegung du dich entscheidest ist egal – Hauptsache, du bewegst dich!
Unser Körper ist nicht dafür gemacht, im Auto oder in der Bahn, anschließend im Büro und zum Abschluss abends auf der Couch zu sitzen. Besonders wohltuend ist Bewegung an der frischen Luft. Dabei werden die Zellen optimal mit Sauerstoff versorgt, was du daran siehst, dass dein Teint umgehend frisch und rosig wird – dein natürlicher Glow. Optimal für Körper und Seele sind sanfte Ausdauersportarten wie Walken, Joggen, Schwimmen oder Radfahren bei einem Puls von maximal 130.

MIT YOGA ZUM INNER GLOW

Meine Lieblingsmethode, um Stress abzubauen und Verspannungen zu lösen, ist Yoga. Bei Yoga denken die meisten nur an die verschiedenen Yogahaltungen wie den Krieger oder den Baum. Dabei besteht Yoga aus viel mehr als nur Körperübungen. Yoga ist eine philosophische Lehre, die ihren Ursprung in Indien hat. Ziel ist es, Körper, Geist und Seele in Einklang zu bringen, indem Bewegungen (Asanas) und Atemübungen (Pranayama) bewusst miteinander verbunden werden. Das trainiert auf der Körperebene Kraft, Beweglichkeit und Balance, die Muskeln werden gedehnt, die Gelenke mobilisiert.

YOGA FÜR KÖRPER UND GEIST

Eine regelmäßige Yogapraxis löst Verspannungen, lindert Nacken- und Kopfschmerzen und fördert das Körpergefühl, denn der Körper wird

Beim Yoga kombiniert man Bewegung mit Atemübungen. Du wirst dich unmittelbar danach schon spürbar gelassener fühlen.

Ich praktiziere Yoga entweder alleine zu Hause, oder ich gehe nach Feierabend in eine Yogastunde.

durch die Übungen flexibler. Gleichzeitig stärken Yogaübungen die Konzentration und mindern Stress. Regelmäßiges Yoga wirkt stimmungsaufhellend und beruhigend, es steigert die Konzentrationsfähigkeit und das Wohlbefinden. Darüber hinaus sorgt es für einen natürlichen Glow.
Die intensiven Atem- und Dehnungsübungen erhöhen die Blutzirkulation und damit die Sauerstoffaufnahme, wodurch der Teint rosig wird und wir von innen heraus strahlen.
Falls du noch keine Erfahrung mit Yoga hast, solltest du einen Anfängerkurs in einem Yogastudio besuchen. Es ist wichtig, dass dir zu Beginn erfahrene Lehrer Hilfestellungen geben, bis du ein gutes Körpergefühl entwickelt hast. In den Einsteigerkursen werden neben den Asanas, den körperlichen Übungen, auch Atem- und Meditationstechniken gelehrt. Probiere verschiedene Yogakurse aus, um den Lehrer und den Yogastil zu finden, die zu dir passen.

DIE YOGA-PRAXIS

- Kleidung: Du brauchst keine besondere Kleidung. Sie sollte bequem sein, nicht zu eng und nicht zu weit sitzen, denn beides stört bei den Übungen. T-Shirts sollten eher anliegend sein, damit sie bei den Übungen nicht hochrutschen. Yoga wird barfuß praktiziert.
- Ausrüstung: In den meisten Yoga- und Fitnessstudios gibt es Matten zum Ausleihen. Die eigene Yogamatte ist aber hygienischer und du kannst sie dann auch zu Hause verwenden.
- Yogastunde: Wenn du deine erste Yogastunde besuchst, setzt du dich auf deine Matte mit Blick zum Lehrer und sammelst dich im Sitzen. Meist beginnt die Stunde mit Atemübungen oder einer Meditation, damit du vom Alltagsstress abschalten kannst. Dann geht es weiter mit einer Abfolge von Asanas, die der Lehrer zusammengestellt hat. Häufig wird auch der Sonnengruß geübt, eine altbewährte Folge von Asanas. Während der Stunde bleibst du mit deiner Aufmerksamkeit ganz bei dir und lässt dich nicht von den anderen Schülern ablenken. Der Lehrer wird die Ausführung deiner Asanas korrigieren, um Fehlhaltungen und Beschwerden vorzubeugen. Lass dich auf die Hinweise ein, nimm sie keinesfalls persönlich. In der abschließenden Ruhephase (Savasana) liegst du entspannt auf dem Rücken.
- Häufigkeit: Yoga kannst du immer und überall praktizieren. Ideal ist es, wenn du jeden Tag mindestens 10, besser noch 30 Minuten übst, und dir einmal pro Woche das Maxi-Programm mit 90 Minuten vornimmst. Zu welcher Uhrzeit du Yoga machst, liegt bei dir – schau einfach, wann du es am besten in deinen Tagesablauf integrieren kannst. Ob früh am Morgen, in der Mittagspause oder nach der Arbeit, jeder Zeitpunkt ist gut.

MINDFULNESS – ACHTSAM ZUM GLOW

Mit Achtsamkeitsübungen und Meditationen besiegst du den Schönheitskiller Stress. Oft hetzen wir von einem Termin zum nächsten – und vergessen dabei völlig, dass wir auch Zeit für uns selbst brauchen.

Stress ist grundsätzlich negativ, denken wir. Doch es gibt auch positiven Stress, Eustress genannt. Er spornt uns zu Höchstleistungen an, etwa wenn wir unsere Hochzeit planen oder ein anderes freudiges Großereignis organisieren. Sprechen wir von Stress, meinen wir für gewöhnlich aber negativen Stress, auch Disstress genannt. Dieser ist die Folge von Überlastung und kann krank machen, unsere Leistungsfähigkeit mindern und unser Wohlbefinden beeinträchtigen. Im Idealfall herrscht in unserem Alltag ein Gleichgewicht zwischen Stress und Erholung. Ist dies nicht der Fall, überwiegt also der negative Stress, führt dies letzten Endes zu oxidativem Stress. Das heißt, unser Immunsystem ist geschwächt und es kann zu Entzündungen im Körper kommen.
Innere Ausgeglichenheit und Zufriedenheit hingegen führen zum Inner Glow. Deshalb ist es wichtig, dass du kleine Ruheinseln in deinen Alltag integrierst. Täglich 20 bis 30 Minuten bewusste Entspannung sind ideal. Das heißt nicht, dass du dich für diese Auszeiten unbedingt komplett zurückziehen musst. Oft sind es die kleinen Dinge, bei denen wir abschalten können, die uns glücklich und zufrieden machen, etwa wenn wir unser Abendessen achtsam zubereiten und bewusst genießen. Oder du machst dir am Ende des Tages mit Hilfe einer kleinen Dankbarkeitsmeditation bewusst, was dein Leben bereichert.

Nimm dir ganz bewusst Zeit für deine Mahlzeiten – achtsames Essen sorgt im Nu für Entschleunigung.

ACHTSAM KOCHEN – ACHTSAM ESSEN

Achtsamkeit ist eine jahrtausendealte Praxis, die ursprünglich als Teil der Meditationspraxis buddhistischer Mönche entwickelt wurde. Achtsamkeit bedeutet mit der Aufmerksamkeit ganz im jetzigen Tun zu sein. Achtsamkeit kannst du in allen Bereichen des Lebens üben, beispielsweise beim Kochen und Essen. Denn seien wir mal ehrlich, gerade beim Kochen und Essen sind wir selten wirklich im Hier und Jetzt. Beim Frühstück spielen wir mit dem Smartphone oder lesen die Zeitung, beim Mittagessen unterhalten wir uns mit Arbeitskollegen, und beim Abendessen läuft der Fernseher oder wir sprechen mit unserem Partner oder den Kindern über den Tag. Oft hängen unsere Gedanken in der Vergangenheit fest oder sind schon in der Zukunft, nur selten sind wir ganz bei uns in der Gegenwart. Versuche deshalb immer wieder, den Moment bewusst wahrzunehmen.

SO GEHT'S

Mache Kochen und Essen zu deinem täglichen Achtsamkeitsritual. Sei dir ganz bewusst, was du tust, wenn du Kartoffeln schälst, Zwiebeln würfelst und Kräuter hackst. Die einfachsten Tätigkeiten können zur Alltagsmeditation werden. Beim Essen nimmst du Geschmack, Geruch und Konsistenz ganz bewusst wahr: Schmeckt das Essen süß oder salzig? Welche Gewürze schmeckst du heraus? Was riechst du? Welche Temperatur hat das Essen, ist es flüssig, weich, knackig? Was hat dir am besten geschmeckt? Versuche einfach, dich beim Kochen voll auf das Kochen und beim Essen voll auf das Essen zu konzentrieren. Wahrscheinlich schweifen deine Gedanken immer wieder ab, das ist ganz normal. Sobald es dir bewusst wird, lenkst du deine Aufmerksamkeit einfach wieder auf den Moment. Keine Sorge, du musst ab sofort nicht jede Mahlzeit achtsam kochen und essen. Beginne deine Achtsamkeitspraxis einfach mal mit dem Zwiebelschneiden oder mit zwei Bissen, die du ganz bewusst isst. Steigere dich nach und nach und genieße dein Essen mit allen Sinnen. Dafür ist es hilfreich, die Mahlzeiten in Ruhe zu essen.

MEDITATION

Regelmäßiges Meditieren wirkt sich positiv auf die Gesundheit aus. Mit etwas Übung wird sich dein Stresslevel reduzieren, Ein- und Durchschlafprobleme können gemindert werden und deine Konzentrationsfähigkeit verbessert sich. Durch Meditation lernst du, das Gedankenkarussell abzuschalten und Ruhe in deinen Geist einkehren zu lassen. Es gibt verschiedene Arten von Meditation. Gut geeignet für Einsteiger sind Dankbarkeits-, Atem- und Kerzenmeditationen.

DANKBARKEITSMEDITATION

Nimm dir abends vor dem Schlafengehen eine oder zwei Minuten Zeit, um dir bewusst zu machen, wofür du in deinem Leben dankbar bist. Diese Übung braucht nicht viel Zeit, führt aber schnell zu mehr Glück und Zufriedenheit. Verstärkt wird sie, wenn du die Dinge, für die du dankbar bist, aufschreibst. Dann kannst du dir deine Notizen immer wieder anschauen, wenn es dir einmal nicht so gut geht. Am besten integrierst du die Übung in deine Abendroutine (siehe Seite 12/13).

ATEMMEDITATION

Atmen ist sehr viel mehr, als einfach nur Luft zu holen. Der Atem ist für uns selbstverständlich, wir atmen, ohne dem Atem eine besondere Bedeutung zu geben und nehmen ihn oft nicht einmal wahr, dabei ist er essenziell für unser Leben. Wir können wochenlang ohne Essen überleben, einige Tage ohne Trinken, aber nur wenige Minuten, ohne zu atmen. Die Atemmeditation ist ein einfacher Einstieg in die Meditationspraxis. Der Atem begleitet uns unser Leben lang überallhin. Deshalb können wir die Atemmeditation auch immer und überall durchführen, wo wir uns konzentrieren können.
Setze oder leg dich einfach hin, schließe deine Augen und atme. Beobachte deinen Atem, ohne ihn beeinflussen zu wollen. Das Ziel dieser Übung ist es, irgendwann so fokussiert zu sein, dass du während der Übung außer an deinen Atem an nichts anderes mehr denkst und um dich herum nichts mehr wahrnimmst. Am Anfang ist es aber ganz normal, dass die Gedanken

TIPP

Es gibt viele Arten von Meditation – finde heraus, welche am besten zu dir passt. Anfängern helfen geführte Meditationen, um am Ball zu bleiben. Besuche dafür einen Kurs oder frage deine Krankenkasse nach einer Meditations-CD beziehungsweise einer Datei zum Download.

Eine hübsche Kerze erfreut die Seele und eignet sich zudem sehr gut für eine Kerzenmeditation.

im Kopf wild umherspringen. Wenn du merkst, dass deine Gedanken abschweifen, konzentriere dich einfach wieder auf deinen Atem. Akzeptiere es, dass deine Gedanken abschweifen, bewerte diese Gedanken nicht und ärgere dich vor allem nicht. Mit der Zeit wirst du merken, dass du immer besser bei deinem Atem bleiben kannst. Die Atemmeditation kannst du überall durchführen, wo du dich auf dich konzentrieren kannst, zum Beispiel in der Bahn.

KERZENMEDITATION

Eine weitere Übung für Achtsamkeit in deinem Leben ist die Kerzenmeditation. Sie kann ganz einfach durchgeführt werden und ist auch für Anfänger geeignet.

Stelle eine Kerze auf den Tisch und zünde sie an. Dein Abstand zur Kerze sollte etwa 50 cm betragen, im Idealfall sollte sich die Kerze etwas unterhalb deiner Augenhöhe befinden. Setze dich bequem und aufrecht hin. Rücken, Nacken und Kopf sollten eine Linie bilden. Blicke in die Kerzenflamme und lasse das Licht auf dich wirken. Du wirst merken, wie die Gedanken langsamer werden oder für einige Momente sogar komplett zum Stillstand kommen. Natürlich kann es aber auch passieren, dass deine Gedanken abschweifen. Ärgere dich nicht, das ist ganz normal. Sobald du merkst, dass du mit deinen Gedanken woanders bist, richtest du deine Konzentration einfach wieder auf das Kerzenlicht. Versuche, die Augen offen zu halten und nicht zu zwinkern. Atme während der Übung ruhig und gleichmäßig durch die Nase ein und aus. Du kannst dir für diese Übung einen Timer stellen, der dich nach 5, 10 oder 15 Minuten aus der Übung holt. Reibe dann zum Abschluss der Meditation die Handinnenflächen gegeneinander, bis Wärme entsteht, und lege sie auf die geschlossenen Augen. Genieße die wohlige Wärme und entspanne deine Augen.

Bei der Kerzenmeditation kann es passieren, dass die Augen feucht werden oder gar tränen. Lass dich davon nicht irritieren, dies ist ein normaler Reinigungsprozess. Sollten die Augen jedoch brennen oder die Übung unangenehm sein, schließst du die Augen und beendest die Übung. Morgen ist auch wieder ein Tag.

28 TAGE

INNER-GLOW-RETREAT

RESET

RESTART

REBIRTH

Vier Wochen beziehungsweise 28 Tage lang begleite ich dich auf dem Weg zu deinem einzigartigen inneren Strahlen durch drei Phasen des nachhaltigen Inner-Glow-Retreats.

1
RESET

Gesunde Lebensmittel sind wahre Beauty-Booster. Wer schön sein will, muss also essen – aber bitte das Richtige.

DETOX FÜR DIE KÜCHE

Damit du dein Retreat mit klarem Kopf und ohne ständige Versuchungen starten kannst, entrümpelst du Kühlschrank und Vorratsschränke. Alles, was dem Glow schaden kann, fliegt raus.

Wenn du erst gar keine Süßigkeiten, Fertigprodukte und andere ungesunde Nahrungsmittel daheim hast, ernährst du dich garantiert gesünder. Gerade an Tagen, an denen du müde und hungrig von der Arbeit nach Hause kommst, ist die Wahrscheinlichkeit hoch, dass du wieder in alte Muster zurückfällst und zu ungesunden Snacks greifst, statt dir eine gesunde Mahlzeit zuzubereiten. Miste deshalb ein paar Tage vor deinem Retreat Kühlschrank, Küchen- und Vorratsschränke aus und fülle sie mit gesundem Beauty-Food. Bunkere auch keine Kekse oder Schokolade für vermeintliche Notfälle oder Gäste. Verschenke oder spende die Lebensmittel, du wirst sie sonst irgendwann selbst essen.

WAS ALLES RAUS MUSS

Alle Nahrungsmittel, die industriell stark verarbeitet sind, sortierst du für deinen Neustart aus. Fertiggerichte, -backwaren, Tütensuppen und Ähnliches haben mit gesunder Ernährung nichts zu tun. Sie enthalten nur noch wenig Vitamine und Mineralstoffe, dafür aber jede Menge Zusatzstoffe, die den Körper belasten. Auch Produkte, die Zucker, künstliche Süßstoffe, Farb-, Konservierungs- und andere Zusatzstoffe enthalten, weizenhaltige Nahrungsmittel, Milchprodukte, Alkohol und Fleisch- und Wurstwaren entfernst du aus deinen Vorräten.

Frisches Obst und Gemüse sind die gesunde Basis für einen nachhaltigen Inner Glow.

ZUCKER LÄSST DIE HAUT ALTERN

Ein zu hoher Zuckerkonsum wirkt sich negativ auf unser Hautbild aus, weil er die Haut schneller altern lässt. Der Grund: Zucker lässt den Blutzuckerspiegel rasant ansteigen. Mithilfe von Insulin wird ein Teil davon zwar verstoffwechselt und zur Energiegewinnung genutzt, der überschüssige Zucker kann sich jedoch an Protein- und Lipidmoleküle binden. Diesen Prozess bezeichnet man als Glykation, die dabei entstehenden Verbindungen als Advanced Glycation Endproducts, kurz AGEs.

TIPP

Zugesetzten Zucker versteckt die Industrie hinter Bezeichnungen wie Dextrose, Glukosesirup, Maltodextrin, Traubensüße oder Gerstenmalz.

In der Haut sind vor allem Kollagen und Elastin von der Glykation betroffen. Diese beiden Proteine halten die Haut elastisch und straff. Verkleben sie mit Zucker, führt das zu einer Verhärtung der Eiweißstrukturen. Folge: Die Haut verliert ihre Spannkraft und bildet zunehmend Falten. Eine Ansammlung von AGEs durch hohen Zuckerkonsum lässt die Haut aber nicht nur schneller altern, sondern auch fahler aussehen. In der Regel tritt eine Glykation erst ab dem 30. Lebensjahr auf, zählt dann aber zu den Hauptursachen intrinsischer Hautalterung, also der Hautalterung, die nicht durch äußerliche Einflüsse wie Luftverschmutzung oder UV-Strahlung, sondern von innen ausgelöst wird. Egal, wieviel Geld du dann in Hautpflegeprodukte investierst, die Zellschäden, die der Zucker verursacht hat, können nicht mehr rückgängig gemacht werden. Um einer vorzeitigen Hautalterung vorzubeugen, solltest du also weitgehend auf Zucker verzichten. Du wirst sehen, deine Haut wird mit der Zeit klarer, strahlender und bleibt auf lange Sicht auch straffer.
Es ist zwar vollkommen in Ordnung, ab und an ein Stück Kuchen oder eine Kugel Eis zu essen. Aber während in Süßigkeiten, Kuchen und Keksen ganz offensichtlich reichlich Zucker enthalten ist, wurde auch vielen Lebensmitteln, von denen man es niemals erwarten würde, Zucker zugesetzt. Dazu gehören fettreduzierte Joghurts, Fertig-Müslis, Saucen, Tiefkühlprodukte und Co. Prüfe deshalb vor dem Kauf eines Produkts stets seine Inhaltsstoffe.

FAST FOOD & CONVENIENCE

Fertigprodukte und Fast Food enthalten jede Menge Zucker und ungesunde Fette, die zu vorzeitiger Hautalterung sowie zu Hautunreinheiten, Pickeln und im schlimmsten Fall sogar zu Akne führen können.

ALKOHOL

Dass übermäßiger Alkoholkonsum ungesund ist und schwerwiegende Folgen haben kann, weiß jeder. Alkohol dehydriert den Körper – das fördert die Hautalterung und lässt das Hautbild fahl erscheinen. Wegen der stark entwässernden Wirkung solltest du parallel zu Alkohol deshalb immer reichlich Wasser trinken. Wenn wir zuviel getrunken haben, ist der Körper mit dem Abbau von Alkohol beschäftigt anstatt Energie in die Zellreparatur zu stecken. Zudem schädigt übermäßiger Alkoholkonsum die Leber.

MILCHPRODUKTE

Milchprodukte wie Joghurt und Käse sind oftmals die Ursache für Hautprobleme. Probiere in den kommenden 28 Tagen einmal aus, ob sich deine Haut durch das Weglassen von Milchprodukten zum Besseren verändert.
Milch wird von Kühen, die gekalbt haben, produziert. Der in Kuhmilch enthaltene insulinähnliche Wachstumsfaktor IGF-1 (Insulin-like growth factor 1) sorgt dafür, dass Kälber groß und stark werden. Im menschlichen Körper fördert das Hormon Entzündungen und das Zellwachstum. Milchkonsum steht deshalb in Verdacht, verschiedene Krebsarten zu fördern, insbesondere Brust- und Prostatakrebs. Ist der IGF-1 Faktor in unserem Blut erhöht, weiten sich unsere Talgdrüsen, Pickel und Mitesser haben Hochkonjunktur. Bei Menschen mit Laktoseintoleranz kann Kuhmilch zu Verdauungsbeschwerden führen. Alternativen für Kuhmilch

TIPP
Reduziere deinen Kaffeekonsum am besten schon vor dem Retreat, dann fällt dir die Umstellung leichter.

Du willst nicht auf Kaffee verzichten? Dann probiere doch mal die koffeinfreie Variante.

sind Kokosmilch sowie Hafer- oder Mandeldrinks. Achte bei gekauften Produkten darauf, dass kein Zucker zugesetzt wurde.

KAFFEE – GUT FÜR DEN GLOW?

Koffein hat für unseren Körper sowohl gesundheitsfördernde als auch ungünstige Eigenschaften. Er enthält Antioxidantien, die vorzeitiger Hautalterung vorbeugen. Milde Kaffeeröstungen haben eine stärkere antioxidative Wirkung als dunkle. Koffein regt aber auch die Nebennieren zur Adrenalin- und Cortisolproduktion an, wodurch der Körper in einen Stresszustand versetzt wird. Die ausgeschütteten Stresshormone verengen die Blutgefäße, die Haut kann fahl werden. Zudem bremst Koffein den Körper bei der Kollagenproduktion aus, was zu vorzeitiger Hautalterung führt. Weil Koffein die Haut zu stärkerer Talgproduktion anregt, kann sie unrein werden. Die These, dass Koffein dem Körper Wasser entzieht, stimmt übrigens nicht: Bei einem gemäßigten Kaffeekonsum von bis zu 5 Tassen pro Tag wurde in Studien keine entwässernde Wirkung festgestellt.

FLEISCH UND WURST

Industriell verarbeitetes Fleisch wie Salami, Chicken Nuggets, Bratwurst und Co. enthalten meist jede Menge Farb- und Konservierungsstoffe, Zucker sowie Geschmacksverstärker. Hinzu kommen reichlich gesättigte Fette, die Fleischwaren nicht nur zu einem Glow-Killer machen, sondern auch im Verdacht stehen, für Krankheiten wie Diabetes Typ 2, Arteriosklerose, Herzerkrankungen und Darmkrebs mit verantwortlich zu sein. Auch wenn in diesem Buch keine Fleischrezepte vorgestellt werden, brauchst du bei deinem Glow-Retreat nicht auf Fleisch zu verzichten. Wähle aber pures, mageres Fleisch von Pute oder Hähnchen. Marinaden und Panaden enthalten häufig ungünstige Zusatzstoffe.

GESUNDE VORRÄTE

Ersetze die aussortierten Produkte durch gesunde Lebensmittel, soweit möglich in Bio-Qualität, aus saisonalem und regionalem Anbau. Was du idealerweise vorrätig haben solltest, kannst du auf den folgenden Seiten lesen.

BEAUTY-FOOD FÜR JEDEN TAG

Nachdem du alle Lebensmittel aussortiert hast, die deinem Glow schaden, ist es jetzt an der Zeit, den Kühlschrank und die Vorratsschränke mit leckerem und gesundem Beauty-Food aufzufüllen.

Dein gesunder Vorrat hilft dir, dauerhaft am Ball zu bleiben – und er ist auch noch hübsch anzusehen.

Eine Liste mit den Grundlebensmitteln, die ich immer vorrätig habe, findest du auf der nebenstehenden Seite. Für einen perfekten Glow wählst du Bio-Produkte, sie enthalten weniger Schadstoffe als konventionell angebaute Lebensmittel, zudem schont ihre Herstellung die Natur. Achte außerdem darauf, dass du möglichst natürliche und unverarbeitete Lebensmittel einkaufst. Produkte mit Konservierungsstoffen, Farbstoffen, Zucker und Geschmacksverstärkern solltest du meiden.

ENTSPANNT DURCH DAS RETREAT

Wenn du deine Vorratsschränke neu bestückt hast, suchst du für die nächsten Tage Rezepte aus, die du gerne kochen möchtest. Achte dabei darauf, dass du dich abwechslungsreich ernährst. Bei der Rezeptauswahl kannst du dich an meinen Feel-good-Plänen auf den Seiten 46/47, 60/61 und 62/63 orientieren. Dann erstellst du eine Liste mit allen Lebensmitteln, die du für die ausgewählten Gerichte brauchst. Diese Liste gleichst du mit den Produkten ab, die du vorrätig hast – einiges davon kannst du also schon mal streichen. Du wirst sehen, wenn du einen gut gefüllten Vorratsschrank hast, beschränkt sich der zusätzliche Wocheneinkauf überwiegend auf frisches Gemüse und Obst.

VORRATSLISTE

Hier findest du die wichtigsten Beauty-Foods, die du für die Rezepte in diesem Buch vorrätig haben solltest. Sie sorgen für eine ausgewogene Ernährung und verhelfen dir in kürzester Zeit zum Inner Glow.

Obst & Gemüse

Äpfel · Birnen · Granatäpfel · Grünkohl · Ingwer · Kürbis · Kurkuma · Möhren · Orangen · Paprika · Rote Bete · Rotkohl · Salatgurke · Tomaten

Tiefkühlfach

Blattspinat · Brokkoli · Erdbeeren · Heidelbeeren · Himbeeren · Lachs

(Pseudo-) Getreide & Hülsenfrüchte

Amarant (gepufft) · Buchweizen · Feinblatt-Haferflocken · Hirse · Linsen (Belugalinsen · Berglinsen · gelbe Linsen) · Mehl (Vollkorn-Dinkelmehl, Buchweizenmehl) · Quinoa (weiß, gepufft)

Nüsse, Kerne & Samen

Cashewkerne · Chia-Samen · Hanfsamen · Haselnusskerne · Kürbiskerne · Leinsamen · Mandeln · Pekannusskerne · Sesam · Sonnenblumenkerne · Walnusskerne

Trockenfrüchte

Cranberrys · Datteln (entsteint) · Kokosraspel · Rosinen · Sauerkirschen · Trockenpflaumen · (alle ohne zugesetzten Zucker)

Aus Dose, Glas & Tube

Hülsenfrüchte (ohne Zucker; Kichererbsen, Kidneybohnen) · Kokosmus · Nussmus (Cashew-Mus, Erdnussmus, Haselnussmus, weißes Mandelmus) · Senf (ohne Zucker) · Tahin (Sesampaste) · Tomaten (ohne Zucker; gehackt, getrocknet, in Öl, passiert)

Pflanzliche Milchalternativen

Haferdrink · Kokosmilch · Mandeldrink · (alle ohne zugesetzten Zucker)

Essig & Öl

Apfelessig · Kokosöl · Olivenöl

Gewürze

Salz · gemahlene Gewürze: Cayennepfeffer · Ceylon-Zimtpulver · Chilipulver · gemahlene Kurkuma · ganze Gewürze: Korianderkörner · Kümmel · Muskatnuss · Pfefferkörner

Sonstiges

Instant-Gemüsebrühe (ohne Zucker) · Nudeln (Dinkel: Fusilli, Penne, Spaghetti, Spirelli · Kichererbsen: Penne, Spirelli · Vollkorn: Fusilli, Penne, Spirelli) · Kakao-Nibs · Kakaopulver (roh, ohne Zucker) · Reis (Jasmin-Reis, Natur-Reis)

2
RESTART

Die zweite Phase des Retreats steht im Zeichen des Neustarts. Du ernährst dich von Säften und Suppen und entlastest so den Körper.

DIE DETOX-PHASE

In der Restart-Phase gönnst du deinem Körper eine Pause und unterstützt ihn dabei, Ablagerungen aus den Zellen zu transportieren. Mit neu gewonnener Leichtigkeit bist du auf dem Weg zum Inner Glow.

Jetzt geht's los! Damit du möglichst gut auf das Retreat vorbereitet bist und die bestmöglichen Ergebnisse erzielst, sind zu Beginn zwei Entlastungstage geplant. In dieser Zeit gönnst du deinem Körper eine kleine Pause und bereitest ihn auf die dritte Phase vor. Auf dem Feel-good-Plan für diese beiden Tage (siehe Seite 46) stehen in dieser Zeit Säfte und Suppen. Den Plan kannst du natürlich an deine Bedürfnisse, Vorlieben und die jeweilige Saison, in der du das Retreat machst, anpassen. Weitere Saftrezepte findest du auf den Seiten 48–51, noch mehr Suppenrezepte auf den Seiten 54–57.

WOZU IST EIN RESTART GUT?

Beim Restart entlastest du deinen Körper, weil du keine feste, sondern nur flüssige Nahrung zu dir nimmst. Der Körper kann dadurch Verdauungsarbeit einsparen und sich besser von den Folgen ungesunder Ernährung, Alkohol, Nikotin und Umwelteinflüssen reinigen beziehungsweise Schadstoffe aus dem Körper entfernen. Wenn unsere Entgiftungsorgane – Darm, Leber, Nieren und Haut – überfordert sind, werden wir anfällig für Krankheiten, wir fühlen uns schlapp und der Teint wird fahl. Du wirst merken: Schon nach zwei Tagen Restart hast du mehr Energie und fühlst dich wohler in deiner Haut – der erste Schritt zu deinem natürlichen Glow.

Diese beiden Tage sind auch eine gute Gelegenheit, um dich mit deinen Gewohnheiten auseinanderzusetzen. Durch neu gewonnene Einsichten hast du die Chance, dich von nun an bewusster zu ernähren und zu verhalten. Während des 28-tägigen Retreats kann sich dein neues Verhalten verfestigen, so dass eine gesündere Lebensweise Teil deines Alltags wird.

TIPP

Noch leichter fällt der Restart, wenn du schon eine paar Tage vorher auf deine Ernährung achtest. Leckere Anregungen dazu findest du ab Seite 64.

DEINE AUSRÜSTUNG

Für die Saftrezepte an Tag 1 und 2 benötigst du idealerweise einen Entsafter. Es gibt zwei Arten von Entsaftern: Saftpressen und Zentrifugenentsafter. Ich rate dir zu einer Saftpresse. In der Anschaffung ist sie leider nicht ganz günstig, aber auf lange Sicht lohnt sich die Investition. Im Gegensatz zu Zentrifugenentsaftern trennt eine Saftpresse den Saft durch mechanischen Druck vom Trester (den festen Rückständen). Die Nährstoffe bleiben bei dieser schonenden Pressmethode erhalten. Die günstigeren Zentrifugenentsafter arbeiten mit einer Reibscheibe und einem kegelförmigen Sieb. Die Reibscheibe dreht sich sehr schnell und zerkleinert dabei das Obst und Gemüse. Es wird gegen das Sieb geschleudert und durch die Wirkung der Zentrifugalkraft durchgepresst. Das schnelle Drehen der Reibscheibe wirbelt viel Sauerstoff in den Saft, Obst und Gemüse oxidieren dadurch schneller. Neben Säften bereite ich mit meiner Saftpresse auch Beauty-Shots zu (siehe Seite 52/53).

OHNE AUSRÜSTUNG

Du kannst auch ohne Saftpresse leckere Säfte und Beauty-Shots zubereiten. Püriere die Zutaten in einem Smoothie- oder Hochleistungsmixer und streiche die Masse anschließend mit einem Löffel durch ein feines Sieb. Falls du kein feines Sieb hast, lege einfach dein Nudelsieb mit einem Küchen- oder Passiertuch aus und streiche die Masse durch.

Doch nicht jeder hat einen Smoothie- oder Hochleistungsmixer. Dann besteht immer noch die Möglichkeit, fertige Säfte zu kaufen. In vielen Supermärkten und Drogeriemärkten findest du hochwertige Säfte. Achte aber darauf, dass sie kalt gepresst sind. Viele Säfte wurden hitzebehandelt, um sie lange haltbar zu machen. Dabei gehen viele Vitamine und Mineralstoffe verloren. Falls du keine kalt gepressten Säfte bekommst, wirst du im Internet fündig, es gibt diverse Versender von Saftkuren und Detox-Suppen.

Mach dir keinen Stress! Gehe dein Home-Retreat mit Leichtigkeit und jeder Menge Spaß an.

SIND ENTZUGSERSCHEINUNGEN MÖGLICH?

Das Inner-Glow-Retreat ist nicht nur eine körperliche, sondern auch eine geistige Umstellung. Darauf wirst du in den ersten beiden Tagen vorbereitet. Ideal ist es deshalb, wenn du diese Detox-Tage auf ein Wochenende legst, an dem du frei hast. An den beiden Tagen wird alles auf Null gesetzt, das System sozusagen neu gestartet. Es kann durchaus passieren, dass du dabei leichte Detox-Erscheinungen bekommst, die sich in Nervosität, leichten Kopfschmerzen oder sogar etwas Schwindel äußern. Wenn sich plötzlich Hautunreinheiten zeigen, die du sonst nie hattest, ist das ein Anzeichen dafür, dass sich dein Körper reinigt. Die Symptome werden schnell wieder verschwinden. Lass dich von diesen ganzen Infos aber bloß nicht verrückt machen: Nebenwirkungen können, aber sie müssen bei dir nicht auftreten!

GETRÄNKE UND CO.

Säfte und Suppen ersetzen an den beiden Einstiegstagen deine normale Ernährung. Trinke daneben ausreichend Wasser und/oder Kräutertee. Pro Tag solltest du auf 2 Liter Flüssigkeit kommen – nicht nur während des Restarts, auch im Alltag. Wenn du es schaffst, verzichte auch auf Koffein und Teein, also nicht nur auf Kaffee, sondern auch auf grünen und schwarzen

Tee. Kohlensäure- und zuckerhaltige Getränke solltest du in den ersten beiden Tagen ebenfalls meiden. Ebenso Alkohol und Nikotin – beides ist deinem Glow nicht förderlich und mindert die positiven Wirkungen der Detox-Tage.

KANN ICH WÄHREND DES RESTARTS SPORT MACHEN?

Ja, auf jeden Fall! Ich empfehle dir, in die ersten beiden Retreat-Tage leichte Bewegung zu integrieren. Das kann ein ausgiebiger Spaziergang, eine entspannte Radtour oder eine sanfte Yogastunde sein. Von starker Belastung rate ich dir an diesen beiden Tagen hingegen ab, zum Beispiel von forderndem Power-Yoga, intensivem Krafttraining oder Spinning.

ICH BIN SCHWANGER

Während der beiden Detox-Tage bist du in einem Energie- und Kaloriendefizit. Weil du in der Schwangerschaft – und danach in der Stillzeit – jede Menge Energie brauchst, ist ein Restart in diesen Lebenssituationen nicht geeignet. Mach direkt mit der Rebirth-Phase (ab Seite 58) weiter.

ICH HABE HUNGER

Vielleicht ist es für dich sehr ungewohnt, zwei Tage lang deine Nahrung nicht zu kauen, sondern nur in Form von Flüssigkeit zu dir zu nehmen. Wenn du Hunger hast, trinke erst einmal eine Tasse Tee oder ein Glas aromatisiertes Wasser (siehe Seite 45), das beschäftigt dein Verdauungssystem eine Zeit lang.

TIPP
Höre auf deinen Körper. Er sagt dir meist sehr deutlich, was er braucht und was ihm zuviel wird. Ignoriere seine Zeichen nicht.

Bewegung, zum Beispiel ein Spaziergang, eine gemütliche Runde mit dem Fahrrad oder sanftes Yoga, ist ebenfalls ein probates Mittel, um den Körper von Hungergefühlen abzulenken. Sollte das alles nicht helfen und du unerträglichen Hunger hast, kannst du auf den Notfallplan auf Seite 46 zurückgreifen. Wenn du allerdings merkst, dass dir die Restart-Tage überhaupt nicht gut tun, brichst du sie ab. Mache dann gleich mit der Rebirth-Phase weiter (ab Seite 58).

Wenn ich unterwegs bin, habe ich immer ein paar Nüsse dabei. Sie sättigen, bewahren vor Heißhungerattacken und sind zudem supergesund.

TRINKEN, TRINKEN, TRINKEN!

Versorge deine Haut mit ausreichend Feuchtigkeit – nicht nur von außen mit natürlichen Pflegeprodukten, sondern vor allem von innen, indem du ausreichend Wasser trinkst. Das ist die Vorausetzung für reine, frisch aussehende Haut und einen wunderbaren Inner Glow.

Der menschliche Körper besteht zu 60 bis 70 Prozent aus Wasser. Wasser ist für viele lebenswichtige Funktionen verantwortlich. Es transportiert die Nährstoffe durch die Blutbahnen in unser Gehirn, in die Zellen und die Organe, und es hilft dem Körper, Giftstoffe auszuspülen. Dazu müssen wir unseren Körper regelmäßig mit Flüssigkeit versorgen, ideal sind 2 bis 3 Liter Wasser pro Tag. Unser Körper hat in Bezug auf Wasser leider kein Frühwarnsystem: Wenn wir Durst haben, besteht bereits ein Flüssigkeitsdefizit. Lass es gar nicht soweit kommen, denn wenn der Körper dehydriert, zieht er Flüssigkeit aus den Zellen und der Haut, um die Wasserkonzentration im Blut konstant zu halten. Die Folge ist, dass unsere Haut trockener wird und weniger Spannkraft hat.

GETRÄNKE FÜR DEN TAG

Starte deshalb direkt morgens mit einem großen Glas lauwarmem Wasser mit frisch gepresstem Zitronensaft und Apfelessig in den Tag. Wenn du gar nicht anders auf die Beine kommst, kannst du auch eine Tasse Kaffee oder grünen Tee trinken. Abwechslung bringen Kräutertees mit frischem Ingwer und Infused Water. Beauty-Shots, Säfte, Smoothies und Suppen versorgen den Körper ebenfalls mit reichlich Flüssigkeit. Süße Getränke wie Softdrinks, aber auch Energy Drinks und Alkohol solltest du meiden. Keine Sorge: Dein Geschmackssinn wird sich schnell verändern. Du wirst merken, dass dir zuckerhaltige Getränke und Getränke mit künstlichen Süßstoffen, Aromen und Geschmacksverstärkern bald nicht mehr schmecken. Wenn dir pures Wasser zu langweilig ist, findest du hier einige Tipps, wie du dein Wasser mit natürlichen Aromen aufwerten kannst. Verwende am besten Bio-Zutaten dafür.

RECYCLING

Du kannst das Obst und die Gewürze für mehrere Aufgüsse verwenden. Die Früchte kannst du zum Schluss essen. Gewürze wie Zimtstangen oder Anissterne legst du zum Trocknen auf Küchenpapier und verwendest sie anderweitig.

ZIMTIG

APFEL-ZIMT-WASSER

1 kleinen Apfel waschen, achteln und entkernen. Die Apfelschnitze und 1–2 Ceylon-Zimtstangen in einer Karaffe mit Wasser übergießen. Trinke das aromatische Wasser über den Tag verteilt.

FRUCHTIG

HEIDELBEER-ORANGEN-WASSER

1 Handvoll Heidelbeeren waschen und 1 Bio-Orange heiß waschen und achteln. Heidelbeeren und Orangenspalten in einer Karaffe mit Wasser übergießen. Zimt-Fans können noch 1 Ceylon-Zimtstange mit ins Wasser geben. Trinke das fruchtige Wasser über den Tag verteilt.

GEMÜSIG

GURKEN-LIMETTEN-WASSER

1 Salatgurke waschen und längs mit dem Sparschäler oder einem Hobel lange Streifen abschneiden. 1 Bio-Limette heiß waschen und in Scheiben schneiden. Gurkenstreifen und Limettenscheiben in einer Karaffe mit Wasser übergießen. Trinke das erfrischende Wasser über den Tag verteilt.

FEEL-GOOD-START

TAG 1 UND 2

An den beiden Restart-Tagen stehen morgens und mittags Säfte auf dem Speiseplan, abends sättigende Suppen. Trinke darüber hinaus über den Tag verteilt reichlich Wasser und Kräutertees.

	MORGENS	MITTAGS	ABENDS
Tag 1	*Morgenroutine* Apfel-Sellerie-Saft mit Ingwer (S. 48)	Orangen-Möhren-Saft mit Kurkuma (S. 49)	*leichte Bewegung* Brokkolisuppe (S. 54)
Tag 2	*Morgenroutine* Rote-Bete-Saft mit Apfel (S. 50)	Grünkohlsaft mit Apfel (S. 51)	*Yoga* Möhren-Kokos-Suppe (S. 56)

In der Tabelle oben findest du Vorschläge, wie du die ersten beiden Retreat-Tage gestalten kannst – mit Rezepten für Säfte und Suppen sowie Tipps für das Sport- beziehungsweise Entspannungsprogramm. Kaufe möglichst naturbelassene Lebensmittel in Bio-Qualität ein, das ist der beste Restart in ein bewusstes und nachhaltiges Retreat.
Natürlich kannst du die Säfte und Suppen auch durch andere Varianten ersetzen, etwa wenn die Zutaten gerade keine Saison haben oder du einfach Lust auf ein anderes Gemüse oder Obst hast. Bleibe aber bei Flüssigem und versuche möglichst viel Abwechslung in deinen Speiseplan zu bringen. Die Säfte solltest du schonend pressen, damit möglichst viele Nährstoffe erhalten bleiben. Tipps dazu findest du auf Seite 41. Meine Saftrezepte gibt es ab Seite 48 und noch mehr Suppen ab Seite 57.

DEIN NOTFALLPLAN

Solltest du zwischendurch unerträglichen Hunger bekommen, bereitest du eine Gemüsebrühe zu. Trinke sie in kleinen Schlucken. Oder du knabberst eine kleine Handvoll Nüsse. Alternativ kannst du dir auch einen Smoothie mixen (siehe ab Seite 64). Auch gut: Du bereitest eine größere Portion von der Abendsuppe zu und isst etwas davon als Zwischenmahlzeit.

Ich liebe grüne Säfte. Einer meiner Favoriten ist der Apfel-Sellerie-Saft mit Ingwer von Seite 48.

APFEL-SELLERIE-SAFT MIT INGWER

Für 1 Glas (ca. 250 ml) • 10 Min. Zubereitung • Pro Portion ca. 115 kcal, 1 g E, 0 g F, 23 g KH

FÜR DEN SAFT
2 große Äpfel
½ Stange Staudensellerie
1 Stück Ingwer (1–2 cm lang)

AUSSERDEM
Entsafter

1 Für den Saft die Äpfel waschen, vierteln und entkernen. Sellerie und Ingwer putzen und waschen. Alles so klein schneiden, dass die Stücke in die Öffnung des Entsafters passen.

2 Obst und Gemüse entsaften. Den Saft am besten sofort trinken oder in eine Flasche füllen, verschließen und innerhalb weniger Tage verbrauchen.

TIPP
Wenn du keinen Entsafter hast, verwendest du gute Säfte aus dem Bio-Supermarkt oder Drogeriemarkt: 200 ml Apfelsaft, 50 ml Selleriesaft und 1 EL Ingwersaft.

ORANGEN-MÖHREN-SAFT MIT KURKUMA

Für 1 Glas (ca. 250 ml) • 10 Min. Zubereitung • Pro Portion ca. 200 kcal, 4 g E, 2 g F, 41 g KH

FÜR DEN SAFT
2 Orangen
1 Nektarine
1 Möhre (ca. 80 g)
1 Stück Kurkuma (1–2 cm lang)

AUSSERDEM
Entsafter

1 Für den Saft die Orangen schälen und in Stücke teilen. Die Nektarine schälen. Die Möhre und die Kurkuma putzen und waschen. Alles so klein schneiden, dass die Stücke in die Öffnung des Entsafters passen.

2 Obst und Gemüse entsaften. Den Saft am besten sofort trinken oder in eine Flasche füllen, verschließen und innerhalb weniger Tage verbrauchen.

TIPP
Wenn du keinen Entsafter hast, nimmst du Möhren- und Kurkumasaft aus dem Bio-Supermarkt oder Drogeriemarkt. Auf die Nektarine verzichtest du, dafür presst du 2 ½ Orangen auf der Zitruspresse aus. Verrühre den Orangensaft mit 80 ml Möhrensaft und 2 EL Kurkumasaft (ersatzweise ½ TL gemahlene Kurkuma).

ROTE-BETE-SAFT MIT APFEL

Für 1 Glas (ca. 250 ml) • 10 Min. Zubereitung • Pro Portion ca. 100 kcal, 2 g E, 0 g F, 21 g KH

FÜR DEN SAFT
1 Rote Bete (ca. 140 g)
1 kleiner Apfel (ca. 150 g)
1 Stück Ingwer (1–2 cm lang)

AUSSERDEM
Entsafter

1 Für den Saft die Rote Bete putzen und waschen. Den Apfel waschen und entkernen, den Ingwer waschen. Alles klein schneiden, sodass die Stücke durch die Öffnung des Entsafters passen.

2 Rote Bete, Apfel und Ingwer entsaften. Den Saft am besten sofort trinken oder in eine Flasche füllen, verschließen und innerhalb weniger Tage verbrauchen.

TIPP
Wer keinen Entsafter hat, nimmt Rote-Bete-, Apfel- und Ingwersaft aus dem Bio-Supermarkt oder Drogeriemarkt. Für den fruchtigen Gemüsesaft einfach 100 ml Rote-Bete-Saft, 130 ml Apfelsaft und 20 ml Ingwersaft verrühren.

GRÜNKOHLSAFT MIT APFEL

Für 1 Glas (ca. 250 ml) • 10 Min. Zubereitung • Pro Portion ca. 185 kcal, 8 g E, 2 g F, 26 g KH

FÜR DEN SAFT
1 Limette
200 g Grünkohl (ersatzweise Blattspinat)
2 Äpfel

AUSSERDEM
Entsafter

1 Für den Saft die Limette schälen und vierteln. Den Grünkohl putzen, waschen und trocken schleudern. Die Äpfel waschen, vierteln und entkernen. Alles klein schneiden, sodass die Stücke durch die Öffnung des Entsafters passen.

2 Obst und Gemüse entsaften. Den Saft am besten sofort trinken oder in eine Flasche füllen, verschließen und innerhalb weniger Tage verbrauchen.

TIPP
Wer keinen Entsafter hat, kann die vorbereiteten Zutaten auch mit etwas Wasser im Hochleistungsmixer pürieren und anschließend durch ein feines Sieb streichen.

BEAUTY-SHOTS

Beauty-Shots sind kalt gepresste Säfte, die viele Antioxidantien enthalten, das Immunsystem stärken, den Stoffwechsel ankurbeln und für einen wunderbaren Glow von innen sorgen.

Für die Zubereitung benötigst du neben den Zutaten in Bio-Qualität eine Saftpresse oder einen Hochleistungsmixer (siehe Seite 41). Die Rezepte sind jeweils für 10 Shots. Shots halten luftdicht verschlossen im Kühlschrank bis zu 3 Tage. Bevor du eine Portion davon abfüllst, schüttelst du das Fruchtfleisch auf. Trinke täglich 1 Schnapsglas (20 ml) davon in kleinen Schlucken. Die ideale Zeit für einen Beauty-Shot ist der Morgen direkt nach dem Aufstehen. Am besten integrierst du ihn in deine Morgenroutine.

SHOT STATT KAFFEE

Insbesondere den Ingwer-Shot solltest du ganz langsam trinken, er schmeckt sehr scharf.
Der Grund dafür sind die ätherischen Öle des Ingwers, die auch den Kreislauf ordentlich ankurbeln und das Immunsystem pushen. Nach einem Ingwer-Shot fühlst du dich gleich wacher und fitter. Wer morgens normalerweise nur mit Kaffee auf Touren kommst, kann es ersatzweise mit einem Ingwer-Shot probieren. Falls du einen sehr empfindlichen Magen hast, streckst du den scharfen Immun-Booster mit etwas Wasser oder du trinkst ihn erst nach dem Frühstück.
Sowohl der Kurkuma- als auch der Granatapfel-Shot ist milder im Geschmack. Beide liefern aber wie der Ingwer-Shot jede Menge Vitamine, Mineralstoffe und Antioxidantien. Sie haben deshalb neben entzündungshemmenden noch zahlreiche andere gesundheitsfördernde Eigenschaften – der ideale Start in den Tag.

ZUBEREITUNG IM MIXER

Auch wenn du keinen Entsafter besitzt, kannst du Shots zubereiten. Verwende einfach den Hochleistungsmixer dafür und streiche das Fruchtpüree dann durch ein feines Sieb (siehe Seite 41). Ingwer und Kurkuma kannst du übrigens im Ganzen in den Mixer geben. Weil frische Kurkuma sehr stark färbt, solltest du den Mixer anschließend gleich ausspülen.
Zitrusfrüchte und Granatäpfel presst du auf der Zitruspresse aus und gibst den Saft mit den anderen Zutaten in den Mixer. Füge eventuell noch ein wenig Wasser dazu, damit der Mixer die Zutaten gut verarbeiten kann.

FERTIGE SÄFTE UND SHOTS

Ingwer-, Kurkuma- und Granatapfelsaft gibt es auch fertig in Bio-Supermärkten und Drogeriemärkten. In frisch gepressten Säften sind jedoch mehr wertvolle Inhaltsstoffe enthalten. Abgepackte Säfte wurden normalerweise erhitzt, um sie haltbar zu machen. Ihre Vitamin- und Mineralstoffbilanz ist deshalb nicht so gut wie bei frisch gepressten Säften. Inzwischen findest du Shots sogar in Supermärkten. Die beste Wahl sind frisch gepresste Shots aus der Kühltheke. Beachte, dass diese nur eine kurze Haltbarkeit haben, unbedingt kühl aufbewahrt und innerhalb von 1–3 Tagen getrunken werden müssen. Wenn du weder einen Entsafter noch einen Hochleistungsmixer hast, sind fertige Säfte und Shots eine gute Alternative.

FRISCH

INGWER-SHOTS

Für 10 Shots 2 Äpfel waschen, vierteln und entkernen. 1 Zitrone schälen und vierteln, 80 g Ingwer (oder mehr – je nach Geschmack) waschen und klein schneiden. Alle Zutaten entsaften und 1 Msp. Cayennepfeffer dazugeben. Den Saft abfüllen.

GOLDEN

KURKUMA-SHOTS

Für 10 Shots 3 Orangen oder 4 Mandarinen schälen und vierteln. 25 g frische Kurkuma (oder mehr – je nach Geschmack) waschen und klein schneiden. Alle Zutaten entsaften und nach Belieben ½ TL Ceylon-Zimtpulver hinzugeben. Den Saft abfüllen.

FRUCHTIG

GRANATAPFEL-SHOTS

Für 10 Shots 1 Granatapfel waschen und halbieren. 2 Äpfel waschen und vierteln. 25 g Ingwer (oder mehr – je nach Geschmack) waschen und klein schneiden. Granatapfel, Äpfel und Ingwer entsaften und den Saft abfüllen.

BROKKOLISUPPE

Für 1 Portion • 30 Min. Zubereitung • Pro Portion ca. 345 kcal, 12 g E, 23 g F, 17 g KH

½ Schalotte
1 Knoblauchzehe
½ Brokkoli
1 EL Olivenöl
375 ml Gemüsebrühe
2 EL Brokkolisprossen
2 EL Cashew-Mus
½ TL frisch geriebene Muskatnuss
Salz · Pfeffer

1 Die Schalotte und den Knoblauch schälen, die Schalotte in feine Würfel schneiden, den Knoblauch durch die Presse drücken.

2 Den Brokkoli putzen, waschen und in Röschen zerteilen. Das Olivenöl in einem großen Topf erhitzen, die Schalotte und den Knoblauch darin 2–3 Min. anbraten. Den Brokkoli dazugeben und mit der Brühe ablöschen. Alles bei niedriger Hitze 15 Min. köcheln lassen, dabei zwischendurch umrühren.

3 Die Brokkolisprossen in einem Sieb abbrausen und abtropfen lassen. Das Cashew-Mus zum Brokkoli geben und alles mit dem Pürierstab fein mixen. Die Suppe mit Muskatnuss, Salz und Pfeffer würzen, in eine Schale geben und mit den Brokkolisprossen bestreut genießen.

ROTKOHLSUPPE

Für 1 Portion • 25 Min. Kochen • 20 Min. Zubereitung •
Pro Portion ca. 275 kcal, 6 g E, 19 g F, 16 g KH

100 g Rotkohl
½ kleiner Apfel (ca. 60 g)
½ rote Zwiebel
1 EL Olivenöl
200 ml Gemüsebrühe
1 EL Cashew-Mus
1 EL Rote-Bete-Sprossen
½ TL Ceylon-Zimtpulver
1 Msp. gemahlener Piment
1 TL Açaí-Pulver (nach Belieben)
Salz · Pfeffer

1 Den Rotkohl putzen, waschen und in feine Streifen schneiden. Den Apfel waschen, vierteln, entkernen und in grobe Stücke schneiden. Die Zwiebel schälen und würfeln.

2 Das Olivenöl in einem Topf erhitzen, Zwiebel, Rotkohl und Apfel darin bei mittlerer Hitze ca. 15 Min. dünsten, dabei zwischendurch umrühren. Mit der Brühe ablöschen und alles weitere 10 Min. köcheln lassen.

3 Das Cashew-Mus und 50 ml Wasser mit dem Pürierstab glatt mixen. Die Rote-Bete-Sprossen in einem Sieb abbrausen und abtropfen lassen.

4 Das Gemüse mit Zimt und Piment würzen, nach Belieben das Açaí-Pulver dazugeben. Die Suppe mit dem Pürierstab fein mixen, mit Salz und Pfeffer würzen. Die Suppe in eine Schale geben und die Cashewsahne darüberträufeln, mit Rote-Bete-Sprossen garnieren und mit Pfeffer bestreuen.

MÖHREN-KOKOS-SUPPE

Für 1 Portion • 15 Min. Zubereitung • 15 Min. Kochen • Pro Portion ca. 605 kcal, 12 g E, 53 g F, 17 g KH

1 Schalotte
1 Stück Ingwer (1–2 cm lang)
220 g Möhren
1 EL Kokosöl
150 ml Gemüsebrühe
200 ml Kokosmilch
1 TL gemahlene Kurkuma
Salz · Pfeffer
3 Stängel Koriandergrün
(ersatzweise glatte Petersilie)
1 TL Chilifäden
1 EL Kürbiskerne

1 Die Schalotte schälen und würfeln, den Ingwer waschen und ebenfalls würfeln. Die Möhren putzen, schälen und in Stücke schneiden. Das Kokosöl in einem Topf erhitzen, Schalotte, Ingwer und Möhren darin 2–3 Min. anbraten. Mit der Brühe und der Kokosmilch ablöschen und alles bei mittlere Hitze ca. 15 Min. köcheln lassen.

2 Die gemahlene Kurkuma dazugeben und die Suppe mit dem Pürierstab fein mixen. Mit Salz und Pfeffer würzen und die Suppe in eine Schale geben.

3 Den Koriander waschen, trocken schütteln, die Blätter abzupfen und mit Chilifäden und Kürbiskernen auf die Suppe streuen.

GAZPACHO MIT MANGO

Für 1 Portion • 10 Min. Zubereitung • Pro Portion ca. 165 kcal, 3 g E, 11 g F, 14 g KH

200 g Tomaten
¼ Mango
¼ rote Zwiebel
½ Knoblauchzehe
1 EL Olivenöl
Salz · Pfeffer
2 Stängel Basilikum

1 Die Tomaten waschen, halbieren und den Stielansatz entfernen. Die Hälften in Stücke schneiden. Die Mango schälen, das Fruchtfleisch vom Kern schneiden und würfeln.

2 Die Zwiebel und die Knoblauchzehe schälen und grob schneiden. Beides mit Tomaten, Mango, Olivenöl und 150 ml Wasser in einem hohen Rührbecher mit dem Pürierstab fein mixen.

3 Die Gazpacho mit Salz und Pfeffer würzen, in eine Schale geben. Das Basilikum waschen und trocken schütteln, die Blätter abzupfen und auf die Suppe streuen.

3
REBIRTH

Voller Leichtigkeit und mit neu gewonnener Energie strahlt in der dritten Retreat-Phase dein Glow von innen nach außen.

WIE NEU GEBOREN

Nachdem du deinen Körper in den letzten beiden Phasen optimal vorbereitet hast, kommt nun die Hauptphase des Retreats, in der du 26 Tage intensiv an deinem Inner Glow arbeitest.

Nach der Entlastungsphase, dem Restart, folgt Phase 3 deines Inner-Glow-Retreats. Für Tag 3 bis 28 habe ich viele leckere Rezepte konzipiert, die deinen Inner Glow pushen – am Ende fühlst du dich wie neu geboren.

Die letzte Phase des Retreats wird dir jede Menge neue Energie schenken. Durch die gesunde Ernährung, die vor Antioxidantien nur so strotzt, wirst du nicht nur ein völlig neues Körpergefühl, sondern auch den Inner Glow bekommen. Die Feel-good-Pläne auf den folgenden Seiten sind dein Wegweiser durch diese Phase. Passe meine Vorschläge an deine Gegebenheiten an. Tausche Rezepte aus oder verschiebe deine Bewegungseinheiten, sodass der Plan zu dir und deinen Bedürfnissen passt. Wichtig ist, dass du die einzelnen Punkte gut in deinen Alltag integrieren kannst. Mach dir kein schlechtes Gewissen, wenn du dich nicht zu 100 Prozent an deinen Plan halten kannst. Wichtig ist, dass du dich wohlfühlst. Stress soll bei deinem Retreat in jedem Fall vermieden werden.

REBIRTH-VORRAT

Glow-Garantie: Trinke jeden Morgen einen Beauty-Shot (siehe Seite 52/53), iss jeden Tag etwas fermentiertes Gemüse (siehe Seite 148–155) und streue immer wieder mal ein paar Sprossen über dein Essen (siehe Seite 92/93).

Kalt gepresste Säfte mit Ingwer und Kurkuma sind nicht nur wahre Immun-Booster, sie sorgen auch für einen tollen Glow.

FEEL-GOOD-PLAN

TAG 3 BIS 15

	MORGENS	MITTAGS
Tag 3	*Morgenroutine* Açaí-Bowl (S. 72)	Paprikasuppe mit Buchweizen (S. 94)
Tag 4	*Morgenroutine* Kokos-Porridge mit Granatapfel (S. 68)	Lachs auf Gemüse-Pasta (S. 121)
Tag 5	*Morgenroutine* Erdbeer-Oats mit Tonkabohne (S. 70)	Quinoa-Salat mit Granatapfel (S. 84)
Tag 6	*Morgenroutine* Inner-Glow-Smoothie (S. 64)	Zucchini-Spaghetti mit Linsen-Bolo (S. 125)
Tag 7	*Morgenroutine* Joghurt mit Glow-Granola (S. 79)	Süßkartoffel-Möhren-Suppe (S. 96)
Tag 8	*Morgenroutine* Golden-Milk-Porridge mit Beeren (S. 74)	Quinoa mit Avocado und Datteln (S. 103)
Tag 9	*Morgenroutine* Green-Smoothie-Bowl (S. 73)	Chili sin Carne mit Kakao (S. 120)
Tag 10	*Morgenroutine* Ananas-Smoothie mit Blumenkohl (S. 67)	Baba Ganoush auf Süßkartoffel (S. 131)
Tag 11	*Morgenroutine* Hirse-Porridge mit Apfel-Zimt-Sauce (S. 76)	Spinat-Kartoffel-Curry (S. 132)
Tag 12	*Morgenroutine* Porridge mit Cranberry-Kompott (S. 78)	Lachs und Mango-Salsa mit Kokos-Reis (S. 10
Tag 13	*Morgenroutine* Joghurt mit Glow-Granola (S. 79)	Blumenkohl mit grüner Cashewsauce (S. 111)
Tag 14	*Morgenroutine* Quinoa-Porridge mit Banane (S. 75)	Heilendes Kitchari (S. 109)
Tag 15	*Morgenroutine* Rote-Beeren-Smoothie (S. 65)	Spinatsalat mit Beeren-Vinaigrette (S. 88)

	ABENDS
	Yoga Lachs auf Gemüse-Pasta* (S. 121)
	freier Abend (Freunde treffen, lesen etc.) Quinoa-Salat mit Granatapfel* (S. 84)
	Meditation Zucchini-Spaghetti mit Linsen-Bolo* (S. 125)
	Yoga Süßkartoffel-Möhren-Suppe* (S. 96)
	Wellness (Bad, Gesichtsmaske etc.) Quinoa mit Avocado und Datteln* (S. 103)
	Yoga Chili sin Carne mit Kakao* (S. 120)
	Fitness Baba Ganoush auf Süßkartoffel* (S. 131)
	Yoga Spinat-Kartoffel-Curry* (S. 132)
	freier Abend (Freunde treffen, lesen etc.) Lachs und Mango-Salsa mit Kokos-Reis* (S. 106)
	Meditation Blumenkohl mit grüner Cashewsauce* (S. 111)
	Yoga Heilendes Kitchari* (S. 109)
	Wellness (Bad, Gesichtsmaske etc.) Spinatsalat mit Beeren-Vinaigrette* (S. 88)
	Fitness Brokkoli mit Kurkuma-Reis* (S. 128)

* 2 Portionen zubereiten – als Abendessen und Mittagessen für den nächsten Tag

SO GEHT'S

Mit deiner Morgen-Routine (siehe Seite 11/12) startest du in den Tag und bereitest dir anschließend ein sättigendes Frühstück nach den Vorschlägen in der Tabelle zu. Abends kochst du dann immer zwei Portionen eines Gerichts: Die erste isst du abends, die zweite nimmst du am nächsten Tag als Mittagessen mit zur Arbeit. Plane außerdem abends Zeit für Yoga, Meditation, Wellness, Fitness, Freunde oder Familie ein.

FEEL-GOOD-PLAN

TAG 16 BIS 28

	MORGENS	MITTAGS
Tag 16	*Morgenroutine* Apfel-Möhren-Porridge (S. 82)	Brokkoli mit Kurkuma-Reis (S. 128)
Tag 17	*Morgenroutine* Zoats (Zucchini-Porridge; S. 83)	Kohlrabi-Dhal (S. 99)
Tag 18	*Morgenroutine* Quinoa-Porridge mit Banane (S. 75)	Glow-Bowl mit Rote-Bete-Hummus (S. 116)
Tag 19	*Morgenroutine* Erdbeer-Oats mit Tonkabohne (S. 70)	Zucchini-Spaghetti mit Linsen-Bolo (S. 125)
Tag 20	*Morgenroutine* Blaubeer-Smoothie mit Spinat (S. 66)	Lachswürfel auf Erbsenpüree (S. 126)
Tag 21	*Morgenroutine* Joghurt mit Glow-Granola (S. 79)	Linsensalat mit Grapefruit (S. 90)
Tag 22	*Morgenroutine* Kokos-Porridge mit Granatapfel (S. 68)	Heilendes Kitchari (S. 109)
Tag 23	*Morgenroutine* Inner-Glow-Smoothie (S. 64)	Süßkartoffel-Möhren-Suppe (S. 96)
Tag 24	*Morgenroutine* Golden-Milk-Porridge mit Beeren (S. 74)	Pasta mit Paprika-Walnuss-Sauce (S. 122)
Tag 25	*Morgenroutine* Apfel-Möhren-Porridge (S. 82)	Quinoa-Salat mit Granatapfel (S. 84)
Tag 26	*Morgenroutine* Hirse-Porridge mit Apfel-Zimt-Sauce (S. 76)	Süßkartoffelpüree mit Kirschtomaten (S. 112)
Tag 27	*Morgenroutine* Açaí-Bowl (S. 72)	Kohlrabi-Dhal (S. 99)
Tag 28	*Morgenroutine* Rote-Beeren-Smoothie (S. 65)	Kartoffel-Lachs-Bowl mit Avocado (S. 118)

	ABENDS
	Yoga Kohlrabi-Dhal* (S. 99)
	Meditation Glow-Bowl mit Rote-Bete-Hummus* (S. 116)
	freier Abend (Freunde treffen, lesen etc.) Zucchini-Spaghetti mit Linsen-Bolo* (S. 125)
	Yoga Lachswürfel auf Erbsenpüree* (S. 126)
	Meditation Linsensalat mit Grapefruit* (S. 90)
	Wellness (Bad, Gesichtsmaske etc.) Heilendes Kitchari* (S. 109)
	Fitness Süßkartoffel-Möhren-Suppe* (S. 96)
	Yoga Pasta mit Paprika-Walnuss-Sauce* (S. 122)
	Meditation Quinoa-Salat mit Granatapfel* (S. 84)
	freier Abend (Freunde treffen, lesen etc.) Süßkartoffelpüree mit Kirschtomaten* (S. 112)
	Yoga Kohlrabi-Dhal* (S. 99)
	Meditation Kartoffel-Lachs-Bowl mit Avocado* (S. 118)
	Wellness (Bad, Gesichtsmaske etc.) Spinatsalat mit Beeren-Vinaigrette* (S. 88)

* 2 Portionen zubereiten – als Abendessen und Mittagessen für den nächsten Tag

NACH DEM RETREAT

Nach dem Retreat machst du am besten genauso weiter und genießt jede Menge Beauty-Food, damit dein Strahlen dich weiterhin begleitet. Übrigens: Es ist vollkommen in Ordnung, ab und zu ein wenig zu sündigen. Ich finde, es ist viel einfacher, sich dauerhaft gesund zu ernähren, wenn man weiß, dass man sich gelegentlich auch mal ein Stück Kuchen oder etwas Schokolade gönnen darf.

INNER-GLOW-SMOOTHIE

Für 1 Portion • 10 Min. Zubereitung • Pro Portion ca. 235 kcal, 2 g E, 23 g F, 5 g KH

50 g Ananasfruchtfleisch (frisch oder TK)
10 g Blattspinat (ersatzweise Grünkohl)
½ Avocado
½ TL Matcha-Pulver
¼ TL Kokosöl

1 Frisches Ananasfruchtfleisch grob würfeln, TK-Ananasstücke auftauen lassen. Den Blattspinat verlesen, waschen und trocken schleudern.

2 Das Avocadofruchtfleisch mit einem Löffel aus der Schale heben und in Würfel schneiden. Avocado, Spinat, Ananas, Matcha-Pulver, Kokosöl und 150 ml Wasser im Hochleistungsmixer oder Standmixer fein pürieren.

3 Den Smoothie in ein Glas füllen und genießen.

ROTE-BEEREN-SMOOTHIE

Für 1 Portion • 5 Min. Zubereitung • Pro Portion ca. 130 kcal, 4 g E, 5 g F, 15 g KH

50 g Erdbeeren
50 g Himbeeren
25 g Heidelbeeren
1 EL Goji-Beeren
1 TL Chia-Samen
125 ml Mandeldrink

1 Die Erdbeeren putzen, waschen und trocken tupfen. Himbeeren und Heidelbeeren verlesen, waschen und trocken tupfen.

2 Erdbeeren, Himbeeren und Heidelbeeren mit Goji-Beeren, Chia-Samen und Mandeldrink im Hochleistungsmixer oder Standmixer fein pürieren.

3 Den Smoothie in ein Glas füllen und genießen.

BLAUBEER-SMOOTHIE MIT SPINAT

Für 1 Portion • 10 Min. Zubereitung • Pro Portion ca. 200 kcal, 5 g E, 5 g F, 29 g KH

150 g Heidelbeeren (Blaubeeren; frisch oder TK)
25 g Blattspinat
½ Banane
1 EL Feinblatt-Haferflocken
½ TL geschälte Hanfsamen (nach Belieben)
100 ml Mandeldrink

1 Frische Heidelbeeren verlesen, waschen und in einem Sieb abtropfen lassen. TK-Heidelbeeren auf einen Teller geben.

2 Den Blattspinat verlesen, waschen und trocken schleudern. Die Banane schälen und in dicke Scheiben schneiden.

3 Alle Zutaten im Hochleistungsmixer oder Standmixer fein pürieren. Den Smoothie in ein Glas füllen und genießen.

ANANAS-SMOOTHIE MIT BLUMENKOHL

Für 1 Portion • 5 Min. Zubereitung • 30 Min. Auftauen • Pro Portion ca. 145 kcal, 2 g E, 7 g F, 17 g KH

125 g Ananasfruchtfleisch (frisch oder TK)
50 g TK-Blumenkohl
1 EL Kokosraspel
1 EL Limettensaft

1 TK-Ananas und den Blumenkohl auf Teller verteilen und ca. 30 Min. auftauen lassen. Frisches Ananasfruchtfleisch in grobe Stücke schneiden.

2 Ananas, Blumenkohl, Kokosraspel, Limettensaft und 75 ml Wasser im Hochleistungsmixer oder Standmixer fein pürieren. Den Smoothie in ein Glas füllen und genießen.

TIPP

Im Hochleistungsmixer werden Smoothies besonders cremig. Die leistungsstarken Geräte bekommen auch halb gefrorenes Obst und Gemüse problemlos klein.

KOKOS-PORRIDGE MIT GRANATAPFEL

Für 1 Portion • 15 Min. Zubereitung • Pro Portion ca. 630 kcal, 16 g E, 38 g F, 52 g KH

Granatapfelkerne enthalten jede Menge Polyphenole. Die Antioxidantien schützen die Haut vor freien Radikalen und sorgen in Kombination mit Haferflocken, Orangen und Zimt für einen wunderschönen Glow.

1 Orange
¼ Granatapfel
150 ml Kokosmilch
50 g Feinblatt-Haferflocken
½ TL Ceylon-Zimtpulver
1 EL Mandelblättchen

1 Die Orange mit einem Messer so schälen, dass auch die weiße Haut entfernt wird. Die Filets zwischen den Häutchen herausschneiden, dabei den Saft auffangen. Das Granatapfelstück in einer mit Wasser gefüllten Schüssel auseinanderbrechen und die Kerne herauslösen.

2 Die Kokosmilch in einem Topf erhitzen. Die Haferflocken dazugeben und bei mittlerer Hitze unter Rühren ca. 5 Min. köcheln lassen. Den Zimt und den Orangensaft unterrühren.

3 Den Porridge in eine Schale geben, mit den Orangenfilets und den Granatapfelkernen garnieren. Die Mandelblättchen in einer Pfanne goldbraun rösten und auf den Porridge streuen.

ERDBEER-OATS MIT TONKABOHNE

Für 1 Portion • 10 Min. Zubereitung • 12 Std. Quellen • Pro Portion ca. 445 kcal, 14 g E, 18 g F, 53 g KH

Overnight Oats sind ein gesundes Power-Frühstück, das lange satt macht. Du kannst es in Ruhe am Abend vorbereiten, morgens schnippelst du dann nur noch frische Erdbeeren dazu.

100 g Erdbeeren
100 g Kokos-Joghurt
1 Msp. gemahlene Tonkabohne
50 g Feinblatt-Haferflocken
50 ml Haferdrink
1 EL Mandelblättchen

1 Am Vorabend die Erdbeeren waschen, putzen und halbieren. 60 g Erdbeeren mit Kokos-Joghurt und Tonkabohne im Hochleistungsmixer fein pürieren. Die restlichen Erdbeeren in Stücke schneiden und zugedeckt in den Kühlschrank stellen.

2 Die Haferflocken und den Haferdrink zum Erdbeer-Joghurt-Püree in den Mixer geben und kurz untermixen. Die Oats in ein Glas füllen und zugedeckt in den Kühlschrank stellen.

3 Am nächsten Morgen die Oats mit den restlichen Erdbeeren und den Mandelblättchen garnieren.

AÇAÍ-BOWL

Für 1 Portion • 5 Min. Zubereitung • 4 Std. Tiefkühlen • Pro Portion ca. 355 kcal, 9 g E, 13 g F, 47 g KH

FÜR DIE BOWL
1 reife Banane
200 g Erdbeeren (ersatzweise Himbeeren; TK oder frisch)
100 ml Mandeldrink
1 TL Açaí-Pulver

FÜR DAS TOPPING
1 TL Blütenpollen
1 TL Kürbiskerne
1 TL getrocknete Maulbeeren
1 TL Goji-Beeren
1 TL Chia-Samen
1 TL Kakao-Nibs
1 TL gefriergetrocknete Himbeeren

1 Für die Bowl die Banane schälen und in dicke Scheiben schneiden. Die Scheiben nebeneinander auf einen Teller legen und im Tiefkühlfach mindestens 4 Std. gefrieren lassen.

2 Die Erdbeeren waschen, putzen und halbieren. Erdbeeren, gefrorene Banane, Mandeldrink und Açaí-Pulver im Hochleistungsmixer zu einem dicken Püree mixen. Die Açaí-Masse in eine Schale füllen.

3 Die Açaí-Bowl mit allen Topping-Zutaten bestreuen und sofort genießen.

GREEN-SMOOTHIE-BOWL

Für 1 Portion • 10 Min. Zubereitung • Pro Portion ca. 225 kcal, 5 g E, 9 g F, 30 g KH

50 g Blattspinat
1 Banane
50 g Mango
½ TL Matcha-Pulver
1 Kiwi
1 TL Chia-Samen
1 EL Kokosraspel

1 Den Blattspinat verlesen, dabei grobe Stiele entfernen, waschen und trocken schleudern. Die Banane schälen und in Scheiben schneiden. Eine Hälfte für das Topping beiseitelegen, die andere Hälfte mit dem Spinat in den Hochleistungsmixer geben.

2 Die Mango schälen, das Fruchtfleisch in Stücke schneiden. Mango und Matcha-Pulver ebenfalls in den Mixer geben und alles sämig pürieren, dabei, falls nötig, etwas Wasser hinzufügen. Den grünen Smoothie in eine Schale geben.

3 Die Kiwi schälen und in Scheiben schneiden. Kiwi und restliche Bananenscheiben auf dem Smoothie anrichten. Die Bowl mit Chia-Samen und Kokosraspeln bestreuen und genießen.

GOLDEN-MILK-PORRIDGE MIT BEEREN

Für 1 Portion • 15 Min. Zubereitung • Pro Portion ca. 450 kcal, 11 g E, 21 g F, 51 g KH

150 ml Haferdrink
50 g Feinblatt-Haferflocken
1 TL Kurkuma-Paste
4 Erdbeeren
50 g Heidelbeeren
1 EL Mandelmus
1 EL Kokosraspel

1 Den Haferdrink in einem Topf erhitzen, Haferflocken und Kurkuma-Paste dazugeben und alles unter ständigem Rühren bei mittlerer Hitze ca. 5 Min. köcheln lassen.

2 Die Erdbeeren waschen, putzen und je nach Größe halbieren, vierteln oder in Scheiben schneiden. Die Heidelbeeren verlesen, waschen und abtropfen lassen.

3 Den Porridge in eine Schale geben, mit Beeren, Mandelmus und Kokosraspeln garnieren.

TIPP

Kurkuma-Paste selbst gemacht: In einem Topf 100 ml Wasser mit 1 TL gemahlener Kurkuma, den Samen von 1 Kardamomkapsel, ½ TL Zimtpulver, 1 Msp. gemahlene Vanille und 1 Prise Pfeffer aufkochen und 2–3 Min. unter Rühren einköcheln lassen. Die Kurkuma-Paste in ein Glas füllen, verschließen und im Kühlschrank aufbewahren. Sie hält sich 2–3 Wochen.

QUINOA-PORRIDGE MIT BANANE

Für 1 Portion • 15 Min. Zubereitung • Pro Portion ca. 505 kcal, 14 g E, 22 g F, 64 g KH

50 g weiße Quinoa
150 ml Mandeldrink
1 kleine Banane
1 TL Kokosöl
1 EL Ceylon-Zimtpulver
1 EL rohes Kakaopulver
1 EL Mandeln
1 TL Kakao-Nibs

1 Die Quinoa in einem Sieb abbrausen und abtropfen lassen. In einem Topf den Mandeldrink zum Kochen bringen. Die Quinoa dazugeben und bei mittlerer Hitze unter gelegentlichem Rühren in ca. 10 Min. gar köcheln lassen.

2 Die Banane schälen und in Scheiben schneiden. Das Kokosöl in einer Pfanne erhitzen und die Bananenscheiben darin bei mittlerer Hitze auf beiden Seiten 1–2 Min. anbraten. Die Pfanne vom Herd nehmen und die Bananenscheiben mit ½ EL Zimtpulver bestreuen.

3 Den Quinoa-Porridge mit Kakao- und restlichem Zimtpulver mischen und in eine Schale geben. Die Mandeln grob hacken und mit den Kakao-Nibs über den Porridge streuen.

HIRSE-PORRIDGE MIT APFEL-ZIMT-SAUCE

Für 1 Portion • 30 Min. Zubereitung • Pro Portion ca. 530 kcal, 11 g E, 24 g F, 67 g KH

Hirse ist wunderbares Beauty-Food: Das glutenfreie Getreide ist reich an Silizium (Kieselsäure) und kräftigt deshalb Haare und Nägel. Nicht nur als herzhaftes Gericht, auch als Süßspeise schmeckt Hirse sehr lecker.

200 ml Mandeldrink
50 g Hirse
1 Apfel
1 TL Kokosöl
1 TL Ceylon-Zimtpulver
1 EL gehackte Pistazienkerne
1 EL Goji-Beeren
1 EL Kokosraspel

1 Den Mandeldrink in einem Topf zum Kochen bringen. Die Hirse in einem Sieb abbrausen, abtropfen lassen und zum Mandeldrink geben. Die Hirse bei mittlerer Hitze in ca. 15 Min. gar köcheln lassen, dabei häufig umrühren.

2 Den Apfel waschen, vierteln, entkernen und in Stücke schneiden. Das Kokosöl in einem kleinen Topf erhitzen und die Apfelstücke darin kurz anbraten. Dann die Apfelstücke mit 50 ml Wasser ablöschen und in ca. 15 Min. weich köcheln lassen. Mit dem Zimt in einem hohen Rührbecher mit dem Pürierstab zu einer glatten Sauce mixen.

3 Die Hirse in eine Schale geben und die Apfel-Zimt-Sauce darüber verteilen. Mit Pistazienkernen, Goji-Beeren und Kokosrapseln bestreuen.

PORRIDGE MIT CRANBERRY-KOMPOTT

Für 1 Portion • 10 Min. Zubereitung • Pro Portion ca. 490 kcal, 12 g E, 23 g F, 55 g KH

FÜR DAS KOMPOTT
65 g frische Cranberrys
1 EL Reissirup
½ TL gemahlene Vanille

FÜR DEN PORRIDGE
150 ml Haferdrink
50 g Feinblatt-Haferflocken

FÜR DAS TOPPING
1 EL Pistazienkerne
1 EL Mandeln
1 EL Kokosraspel

1 Für das Kompott die Cranberrys in einem Sieb abbrausen, abtropfen lassen und mit ca. 40 ml Wasser in einen Topf geben. Die Beeren bei mittlerer Hitze ca. 5 Min. köcheln lassen, dabei zwischendurch umrühren. Den Reissirup und die Vanille unter das Kompott mischen.

2 Für den Porridge den Haferdrink in einem Topf zum Kochen bringen. Die Haferflocken unterrühren und bei niedriger Temperatur ca. 5 Min. köcheln lassen, dabei zwischendurch umrühren.

3 Für das Topping Pistazienkerne und Mandeln grob hacken. Den Porridge in eine Schale geben und das Cranberry-Kompott darauf anrichten. Die Pistazien, Mandeln und Kokosraspeln darüberstreuen.

JOGHURT MIT GLOW-GRANOLA

Für ca. 350 g Granola • 15 Min. Zubereitung • 20 Min. Backen • Pro Portion ca. 355 kcal, 10 g E, 19 g F, 36 g KH

FÜR DIE GRANOLA

150 g Feinblatt-Haferflocken
10 g Sonnenblumenkerne
20 g Kürbiskerne
20 g Goji-Beeren
40 g Rosinen
50 g Mandeln
1 Msp. gemahlene Vanille
2 EL Mandelmus
50 g Reissirup (nach Belieben; ersatzweise Honig oder Ahornsirup)

FÜR DEN JOGHURT

75 g Heidelbeeren
150 g Kokos-Joghurt

1 Für das Granola den Backofen auf 175° vorheizen. Ein Backblech mit Backpapier auslegen. In einer Schüssel alle Granola-Zutaten mit 70 ml Wasser verrühren.

2 Die Mischung auf dem Backblech verteilen und im Ofen (Mitte) ca. 10 Min. backen. Dann durchrühren und weitere 10 Min. backen. Das Granola auf dem Blech abkühlen lassen.

3 Für den Joghurt die Heidelbeeren verlesen, waschen und trocken tupfen. Joghurt und Heidelbeeren in einer Schale anrichten und mit 2 EL Granola bestreuen.

4 Das restliche Granola in ein Schraubglas oder eine Vorratsbox füllen und gut verschlossen aufbewahren. Es reicht für weitere 12 Portionen und hält sich ungefähr 3 Monate.

PORRIDGE MIT KAKAO-NIBS UND BANANE

Für 1 Portion • 15 Min. Zubereitung • Pro Portion ca. 515 kcal, 10 g E, 24 g F, 63 g KH

Wenn ich ein warmes Frühstück für die Seele brauche, gibt es bei mir diesen leckeren Porridge mit gebratenen Zimt-Bananen. In Kombination mit Heidelbeeren und Kakao-Nibs ist der Glow-Faktor besonders hoch.

120 ml Haferdrink
40 g Feinblatt-Haferflocken
1 Banane
1 TL Kokosöl
1 TL Ceylon-Zimtpulver
2 EL Heidelbeeren
1 EL weißes Mandelmus
1 EL Kakao-Nibs

1 Den Haferdrink in einem kleinen Topf zum Kochen bringen. Die Haferflocken darin bei mittlerer Hitze ca. 5 Min. köcheln lassen, dabei ab und zu umrühren.

2 Die Banane schälen und längs halbieren. Das Kokosöl in einer Pfanne erhitzen und die Bananenhälften darin bei mittlerer Hitze auf jeder Seite 1–2 Min. anbraten. Die Banane mit dem Zimt bestreuen.

3 Die Heidelbeeren verlesen, waschen und trocken tupfen. Den Porridge in eine Schale geben, die Bananenhälften mit dem Mandelmus darauf anrichten und den Porridge mit Heidelbeeren und Kakao-Nibs bestreuen.

APFEL-MÖHREN-PORRIDGE

Für 1 Portion • 15 Min. Zubereitung • Pro Portion ca. 370 kcal, 10 g E, 12 g F, 53 g KH

½ Apfel
1 EL Zitronensaft
1 kleine Möhre
150 ml Haferdrink
50 g Feinblatt-Haferflocken
2 EL Walnusskerne (ca. 10 g)
½ TL Ceylon-Zimtpulver

1 Den Apfel waschen, vierteln, entkernen und grob reiben. Den Zitronensaft untermischen. Die Möhre schälen und fein reiben.

2 Den Haferdrink in einem Topf zum Kochen bringen. Die Haferflocken mit Apfel und Möhre dazugeben. Den Porridge ca. 5 Min köcheln lassen, dabei ab und zu umrühren.

3 Die Walnusskerne grob hacken. Den Porridge mit dem Zimtpulver verrühren, in eine Schale geben und mit den Walnüssen bestreut genießen.

ZOATS (ZUCCHINI-PORRIDGE)

Für 1 Portion • 15 Min. Zubereitung • Pro Portion ca. 515 kcal, 13 g E, 28 g F, 49 g KH

150 ml Mandeldrink
50 g Feinblatt-Haferflocken
50 g Zucchino
4 Erdbeeren
2 EL Heidelbeeren
1 EL Mandelmus
1 EL Kokosraspel
1 EL Kakao-Nibs

1 Den Mandeldrink in einem Topf zum Kochen bringen. Die Haferflocken unterrühren und ca. 5 Min. köcheln lassen, dabei ab und zu umrühren.

2 Den Zucchino putzen, waschen, fein reiben und kurz vor Ende der Kochzeit unter den Porridge mischen.

3 Die Erdbeeren waschen, putzen und in Scheiben schneiden. Die Heidelbeeren verlesen, waschen und abtropfen lassen.

4 Den Zoats in eine Schale geben und mit Erdbeeren, Heidelbeeren und Mandelmus garnieren. Alles mit Kokosraspeln und Kakao-Nibs bestreuen.

QUINOA-SALAT MIT GRANATAPFEL

Für 1 Portion • 20 Min. Zubereitung • 10 Min. Kochen • Pro Portion ca. 720 kcal, 15 g E, 38 g F, 75 g KH

Jede Menge Superfoods im Salat: Avocado mit Vitamin E hält die Haut elastisch und lässt uns von innen heraus strahlen. Granatapfel mit seinen Polyphenolen ist pure Antioxidantien-Power.

FÜR DEN SALAT

60 g weiße Quinoa
200 ml Gemüsebrühe
½ kleine rote Zwiebel
¼ rote Chilischote
1 ½ EL Olivenöl
½ Granatapfel
75 g Kirschtomaten
¼ Bio-Salatgurke
¼ Avocado
¼ Bund glatte Petersilie
1 EL Zitronensaft
½ EL Granatapfelessig (ersatzweise Apfelessig)
Salz · Pfeffer

FÜR DEN DIP

2 Stängel Minze
80 g Kokos-Joghurt
Salz · Pfeffer

1 Für den Salat die Quinoa in einem Sieb abbrausen und abtropfen lassen. In einem Topf die Brühe zum Kochen bringen, Quinoa dazugeben und in ca. 10 Min. gar köcheln lassen.

2 In der Zwischenzeit die Zwiebel schälen und fein würfeln. Die Chilischote waschen, halbieren, weiße Trennwände und Kerne entfernen, die Hälften klein würfeln. 1 EL Olivenöl in einer Pfanne erhitzen, Zwiebel und Chilischote darin kurz andünsten. Die Pfanne vom Herd nehmen.

3 Den Granatapfel in einer mit Wasser gefüllten Schüssel auseinanderbrechen und die Kerne darin auslösen. Die Tomaten waschen und halbieren. Die Gurke waschen, längs vierteln und in Stücke schneiden. Das Avocadofruchtfleisch mit einem Löffel aus der Schale lösen und in Stücke schneiden. Die Petersilie waschen und trocken schütteln, die Blätter abzupfen und fein hacken.

4 Die Quinoa in ein Sieb abgießen und mit Zwiebel, Chili, Granatapfelkernen, Tomaten, Gurke, Avocado und Petersilie in eine Schüssel geben. Den Zitronensaft mit dem restlichen Olivenöl, Essig, Salz und Pfeffer verrühren. Die Vinaigrette mit den Salatzutaten mischen.

5 Für den Dip die Minze waschen, die Blätter abzupfen und fein hacken. Den Joghurt in einer Schüssel mit der Minze mischen und mit Salz und Pfeffer würzen. Den Dip separat zum Quinoa-Salat servieren.

GRÜNKOHL-SALAT MIT MANGO-DRESSING

Für 1 Portion • 20 Min. Zubereitung • 15 Min. Kochen • Pro Portion ca. 675 kcal, 13 g E, 34 g F, 76 g KH

Grünkohl mal anders: Als roher Salat schmeckt das Wintergemüse mindestens genauso lecker wie in der gekochten Variante. Der große Vorteil ist, dass Vitamine und Mineralstoffe vollständig erhalten bleiben.

120 ml Gemüsebrühe
40 g Hirse
1 kleine Süßkartoffel (ca. 100 g)
150 g Grünkohl
3 EL Olivenöl
¼ Granatapfel
½ Mango
1 EL Apfelessig
Salz · Pfeffer

1 Die Gemüsebrühe in einem Topf erhitzen. Die Hirse dazugeben und bei mittlerer Hitze unter Rühren in ca. 15 Min. gar köcheln lassen.

2 Die Süßkartoffel schälen, grob würfeln und in einem zweiten Topf in wenig Wasser bei mittlerer Hitze in ca. 10 Min. gar kochen, anschließend abgießen und abtropfen lassen.

3 Inzwischen den Grünkohl waschen und trocken schütteln. Die Blätter in mundgerechten Stücken von den Stielen schneiden oder zupfen, faserige Teile dabei entfernen. Den Grünkohl mit 2 EL Olivenöl in eine Schüssel geben und mit den Händen 2–3 Min. kneten, bis die Blätter geschmeidig sind.

4 Das Granatapfelstück in einer mit Wasser gefüllten Schüssel auseinanderbrechen und die Kerne herauslösen.

5 Für das Mango-Dressing die Mango schälen und das Fruchtfleisch vom Kern ablösen und in Stücke schneiden. Mit Apfelessig und übrigem Olivenöl pürieren, mit Salz und Pfeffer würzen.

6 Alle vorbereiteten Zutaten auf einem Teller anrichten und mit dem Mango-Dressing beträufeln.

SPINATSALAT MIT BEEREN-VINAIGRETTE

Für 1 Portion • 20 Min. Zubereitung • Pro Portion ca. 650 kcal, 15 g E, 61 g F, 9 g KH

Heidelbeeren haben einen hohen Anteil an Anthocyanen. Der dunkelblaue Pflanzenfarbstoff hat eine entzündungshemmende Wirkung, beugt Hautalterung vor und sorgt für einen natürlichen Glow.

FÜR DEN SALAT

50 g Baby-Blattspinat
50 g Ziegenweichkäse (Rolle)
1 EL Pinienkerne
½ kleine rote Zwiebel
2 EL Olivenöl

FÜR DIE VINAIGRETTE

50 g Heidelbeeren
1 EL Apfelessig
1 TL Senf (ohne Zucker)
2 EL Olivenöl
Salz · Pfeffer

TIPP

Zugunsten unseres Inner Glow meiden wir Milchprodukte normalerweise. Ziegenkäse kannst du jedoch gelegentlich in deinen Speiseplan integrieren. Wer ihn nicht mag, ersetzt ihn durch Avocadostücke.

1 Für den Salat den Blattspinat verlesen, waschen und trocken schleudern. Den Ziegenkäse in kleine Stücke schneiden, halbieren und mit dem Spinat auf einem Teller anrichten. Die Pinienkerne in einer beschichteten Pfanne goldbraun rösten und auf einem Teller abkühlen lassen.

2 Die Zwiebel schälen und in kleine Würfel schneiden. Das Olivenöl in einer Pfanne erhitzen und die Zwiebel darin glasig dünsten. Zwiebel und Pinienkerne über den Salat geben.

3 Für die Vinaigrette die Heidelbeeren verlesen, waschen und in einem Sieb abtropfen lassen. Die Heidelbeeren mit Essig, Senf und Olivenöl in einem hohen Rührbecher mit dem Pürierstab fein mixen und mit Salz und Pfeffer würzen. Die Vinaigrette über den Salat träufeln.

LINSENSALAT MIT GRAPEFRUIT

Für 1 Portion • 25 Min. Zubereitung • Pro Portion ca. 660 kcal, 14 g E, 52 g F, 26 g KH

140 ml Gemüsebrühe
40 g Berglinsen
½ Grapefruit
½ Avocado
50 g Feldsalat
3 EL Olivenöl
1 EL Apfelessig
Salz · Pfeffer

1 Die Brühe in einem Topf zum Kochen bringen. Die Linsen dazugeben und in ca. 20 Min. gar köcheln lassen, dabei ab und zu umrühren.

2 Inzwischen die Grapefruit so schälen, dass auch die weiße Haut entfernt wird. Die Filets zwischen den Häutchen herausschneiden, dabei den Saft auffangen.

3 Das Avocadofruchtfleisch mit einem Löffel aus der Schale heben, in Würfel schneiden und in eine Schüssel geben. Den Feldsalat putzen, waschen und trocken schleudern.

4 Olivenöl, Essig, aufgefangenen Grapefruitsaft, Salz und Pfeffer zu einer Vinaigrette verrühren. Die Linsen, falls nötig, in ein Sieb abgießen, dann in einer Schüssel mit der Vinaigrette mischen. Grapefruitfilets, Avocado und Feldsalat auf den Linsen anrichten.

KARTOFFEL-SPARGEL-SALAT

Für 1 Portion • 25 Min. Zubereitung • Pro Portion ca. 680 kcal, 19 g E, 45 g F, 49 g KH

250 g vorwiegend festkochende Kartoffeln
½ Bund Frühlingszwiebeln
250 g grüner Spargel
1 EL Olivenöl
¼ Bund Schnittlauch
100 g Kirschtomaten
½ Avocado
2 EL Cashew-Mus
Salz · Pfeffer

1 Die Kartoffeln schälen, waschen, in kleine Stücke schneiden und in wenig Wasser zugedeckt bei mittlerer Hitze in ca. 15 Min. gar dünsten. Anschließend abgießen und abtropfen lassen.

2 Inzwischen die Frühlingszwiebeln putzen, waschen und in feine Ringe schneiden. Den Spargel waschen, im unteren Drittel schälen und holzige Enden abschneiden. Die Stangen in Stücke schneiden. Das Olivenöl in einer Pfanne erhitzen und den Spargel mit den Frühlingszwiebeln darin 2–3 Min. anbraten.

3 Den Schnittlauch waschen, trocken schütteln und in feine Röllchen schneiden. Die Tomaten waschen und halbieren. Das Avocadofruchtfleisch mit einem Löffel aus der Schale heben und in Würfel schneiden.

4 Das Cashew-Mus und 40 ml Wasser in einem Rührbecher mit dem Pürierstab mixen, mit Salz und Pfeffer würzen. Die Kartoffeln mit Spargel, Frühlingszwiebeln, Schnittlauch, Tomaten, Avocado und dem Dressing mischen. Den Salat anrichten.

SPROSSEN ZIEHEN

Ob im Salat, auf Smoothie-Bowls, als Brotbelag, über Suppen gestreut oder in Dips gemischt – Sprossen machen sich in vielen Gerichten gut. Das Beste: Sie sind zudem supergesund.

Sprossen sind kleine Nährstoffbomben, die an keine Saison gebunden und deshalb das ganze Jahr über verfügbar sind. Im Winter, wenn das heimische Gemüseangebot nicht so abwechslungsreich ist, sind sie besonders wertvoll.
Sprossen sind reich an Ballaststoffen, Proteinen, Vitaminen, Mineralstoffen und sekundären Pflanzenstoffen. In Jungpflanzen, was die Sprossen ja sind, ist die Konzentration an Nährstoffen am höchsten.
Gezüchtet werden Sprossen meist aus Getreide wie Dinkel oder Roggen, Hülsenfrüchten wie Kichererbsen oder Mungbohnen und aus Gemüsesamen wie Brokkoli oder Radieschen. Sprossen gibt es zwar in vielen Supermärkten zu kaufen, frischer und günstiger sind aber selbst gezogene Sprossen. Du brauchst nicht viel dafür: Neben Saatgut in Bio-Qualität und einem Keim- oder Sprossenglas nur Wasser, Tageslicht und ein paar Tage Geduld.

DIE GLÄSER

Keim- oder Sprossengläser mit einem speziellen Siebdeckel aus Kunststoff oder Edelstahl gibt es in Biomärkten, Reformhäusern, Drogerien und Online-Shops. Du kannst ein Keimglas aber auch ganz leicht selbst herstellen.
Das brauchst du dafür: Ein Glas mit etwa 300–500 Milliliter Inhalt, ein Gummiband, ein kleines Stück Fliegengitter, das etwas größer als die Glasöffnung ist, und ein Abtropfgestell oder eine Schale, in der aus dem umgedrehten Glas das Wasser ablaufen kann. Das Fliegengitter befestigst du mit dem Gummiband an der Glasöffnung, fertig ist dein Siebdeckel.

DIE SAATEN

Pro Glas bitte nur eine Keimsaat verwenden, da die Sorten unterschiedliche Einweich- und Wachstumszeiten haben:

- Alfalfasamen *(6 Stunden Einweichen, 6–8 Tage Wachsen)*
- Brokkolisamen *(6 Stunden Einweichen, 4–6 Tage Wachsen)*
- Mungbohnen *(12 Stunden Einweichen, 3–5 Tage Wachsen)*
- Radieschensamen *(12 Stunden Einweichen, 6–8 Tage Wachsen)*

VORSICHT, SCHIMMEL!

Schimmel kann sich an den Sprossen, aber auch schon an den Keimlingen bilden. Er überzieht die Kultur mit einem weißen Pelz und riecht modrig. Sobald auch nur eine Spur Schimmel an den Sprossen ist, unbedingt den kompletten Glasinhalt entsorgen. Vorbeugen kannst du durch hygienisches Arbeiten: Wasche die Keimgläser vor Gebrauch mit heißem Wasser oder in der Spülmaschine. Und spüle die Keimsaat/die Sprossen 2- bis 3-mal täglich mit frischem Wasser ab. Achtung: Sprossen haben feine Härchen, sogenannte Mikrowurzeln, die leicht mit Schimmel verwechselt werden können.

STEP 1

KEIMSAAT EINWEICHEN

2 EL Alfalfasamen in das Keimglas geben und soviel kaltes Wasser dazugießen, dass das Keimgut gut bedeckt ist. Den Siebdeckel aufschrauben und das Glas mit dem Deckel nach oben auf die Fensterbank stellen. Die Samen 6 Std. einweichen lassen. Nach der Einweichzeit das Wasser durch das Sieb abgießen. Die Keimsaat noch einmal gründlich spülen und das Wasser erneut durch den Siebdeckel abschütten. Das Glas mit dem Sieb nach unten leicht schräg (etwa im 45°-Winkel) in einem Abtropfgitter oder einer Schale auf die Fensterbank stellen, sodass überschüssiges Wasser ablaufen kann.

STEP 2

SPROSSEN PFLEGEN

Die Sprossen täglich 1- bis 2-mal kurz abspülen. Dafür durch den Siebdeckel Wasser in das Glas laufen lassen, bis alle Sprossen bedeckt sind. Das Wasser dann durch den Siebdeckel wieder ablaufen lassen. Das Sprossenglas anschließend mit dem Sieb nach unten wieder leicht schräg (etwa im 45°-Winkel) in einem Abtropfgitter oder einer Schale auf die Fensterbank stellen, sodass überschüssiges Wasser ablaufen kann.

STEP 3

ERNTEZEIT

Nach 4–6 Tagen sind die Alfalfasprossen erntereif. Stelle das Glas mit den Sprossen am besten in den Kühlschrank. In Kälte und Dunkelheit wachsen die Sprossen nicht mehr oder nur noch sehr langsam. Du solltest sie innerhalb von 1–3 Tagen verbrauchen. Die Sprossen müssen während der Aufbewahrung weiterhin einmal täglich gespült werden. Auch vor dem Verzehr noch einmal abbrausen.

PAPRIKASUPPE MIT BUCHWEIZEN

Für 1 Portion • 30 Min. Zubereitung • 40 Min. Backen • Pro Portion ca. 340 kcal, 5 g E, 21 g F, 29 g KH

Im Winter sind wärmende Suppen ein absolutes Muss. Diese Paprikasuppe schmeckt aber zu jeder Jahreszeit und sorgt dank der Inhaltsstoffe von Paprika, Chili und Buchweizen für einen frischen Teint.

FÜR DIE SUPPE

2 rote Spitzpaprika
1 Schalotte
1 kleine mehligkochende Kartoffel (ca. 100 g)
1 EL Olivenöl
375 ml Gemüsebrühe
¼ TL Chilipulver
½ TL Paprikapulver
¼ TL gemahlene Kurkuma
Salz · Pfeffer

FÜR DIE EINLAGE

1 EL Olivenöl
1 EL Buchweizen (ca. 10 g)
2 EL Rote-Bete-Sprossen (ersatzweise ½ Beet Kresse)

1 Für die Suppe den Backofen auf 175° vorheizen. Ein Backblech mit Backpapier belegen. Die Paprika waschen, halbieren, weiße Trennwände und Kerne entfernen. Die Hälften mit den Schnittflächen nach unten auf ein Backblech legen und im Ofen (Mitte) ca. 40 Min. backen, bis die Haut schwarz ist und Blasen wirft. Dann herausnehmen und abkühlen lassen.

2 Die Paprika häuten und in Stücke schneiden. Die Schalotte und die Kartoffel schälen und würfeln. Das Olivenöl in einem Topf erhitzen, die Schalotte und die Kartoffel darin anbraten. Mit Brühe ablöschen und alles ca. 10 Min. köcheln lassen.

3 Für die Einlage das Olivenöl in einer Pfanne erhitzen. Den Buchweizen darin ca. 5 Min. braten, dabei ab und zu umrühren. Dann auf Küchenpapier geben und das Öl abtupfen. Die Sprossen in einem Sieb abbrausen und abtropfen lassen.

4 Die Paprika zur Kartoffel in den Topf geben und 3–5 Min. mitköcheln lassen. Mit Chili, Paprika und Kurkuma würzen. Das Gemüse mit dem Pürierstab fein mixen. Die Suppe mit Salz und Pfeffer abschmecken.

5 Die Paprikasuppe in einen tiefen Teller geben und mit dem Buchweizen und den Sprossen garnieren.

SÜSSKARTOFFEL-MÖHREN-SUPPE

Für 1 Portion • 15 Min. Zubereitung • 15 Min. Kochen • Pro Portion ca. 295 kcal, 6 g E, 11 g F, 39 g KH

Diese Suppe ist ein toller Hautschmeichler. Süßkartoffeln und Möhren enthalten jede Menge Betacarotin, das unser Körper in Vitamin A umwandelt – eine natürliche Geheimwaffe gegen vorzeitige Hautalterung.

1 Schalotte
1 Süßkartoffel (ca. 150 g)
150 g Möhre
1 TL Kokosöl
350 ml Gemüsebrühe
2 Stängel glatte Petersilie
¼ TL gemahlene Kurkuma
Salz · Pfeffer
1 EL Mandelblättchen
1 EL Granatapfelkerne

1 Schalotte, Süßkartoffel und Möhre schälen und in Stücke schneiden. Das Kokosöl in einem Topf erhitzen. Schalotte, Süßkartoffel und Möhre darin bei mittlerer Hitze 1–2 Min. anbraten. Mit Brühe ablöschen und das Gemüse ca. 15 Min. köcheln lassen.

2 Die Petersilie waschen und trocken schütteln, die Blätter abzupfen und in Streifen schneiden. Die gemahlene Kurkuma zum Gemüse geben und alles mit dem Pürierstab fein mixen.

3 Die Suppe mit Salz und Pfeffer würzen, in eine Schale geben und mit Mandelblättchen, Granatapfelkernen und Petersilie bestreut genießen.

DHAL-SUPPE

Für 1 Portion • 10 Min. Zubereitung • 15 Min. Kochen • Pro Portion ca. 345 kcal, 13 g E, 10 g F, 44 g KH

½ kleine Zwiebel
1 Stück Ingwer (1–2 cm lang)
1 kleine Süßkartoffel (ca. 100 g)
½ Möhre (ca. 40 g)
½ rote Chilischote
1 TL Kokosöl
25 g gelbe Linsen
375 ml Gemüsebrühe
4 Stängel glatte Petersilie (ersatzweise Koriander)
½ TL gemahlene Kurkuma
½ TL Kreuzkümmelsamen
Salz · Pfeffer
1 EL Kokos-Joghurt
1 TL Chiliflocken
1 TL geschälte Hanfsamen

1 Die Zwiebel schälen und fein würfeln. Den Ingwer waschen und ebenfalls fein würfeln. Die Süßkartoffel und die Möhre schälen und in Stücke schneiden. Die Chilischote waschen, halbieren, weiße Trennwände und Kerne entfernen und die Hälften in feine Würfel schneiden.

2 Das Kokosöl in einem Topf erhitzen. Linsen, Zwiebel, Ingwer, Süßkartoffel, Möhre und Chili darin bei mittlerer Hitze 1–2 Min. anbraten. Mit der Brühe ablöschen und alles in ca. 15 Min gar köcheln lassen.

3 Die Petersilie waschen und trocken schütteln, die Blätter abzupfen und in Streifen schneiden. Das Linsengemüse mit Kurkuma und Kreuzkümmel würzen und mit dem Pürierstab mixen. Die Suppe mit Salz und Pfeffer abschmecken und in eine Schale geben. Den Joghurt daraufgeben und mit Pfeffer bestreuen. Die Suppe mit Chiliflocken, Hanfsamen und Petersilie bestreuen.

KOHLRABI-DHAL

Für 1 Portion • 25 Min. Zubereitung • Pro Portion ca. 545 kcal, 19 g E, 37 g F, 32 g KH

½ Knoblauchzehe
½ rote Zwiebel
½ rote Chilischote
1 Tomate
½ kleiner Kohlrabi (ca. 100 g)
1 TL Kokosöl
40 g gelbe Linsen
¼ TL gemahlener Kreuzkümmel
¼ TL gemahlener Koriander
1 Msp. gemahlene Kurkuma
¼ TL Currypulver
Salz · Pfeffer
200 g Kokosmilch

1 Den Knoblauch und die Zwiebel schälen, beides fein würfeln. Die Chilischote waschen, halbieren, weiße Trennwände und Kerne entfernen und die Hälften in feine Streifen schneiden. Die Tomate waschen und klein würfeln, dabei den Stielansatz entfernen. Die Kohlrabihälfte schälen und grob würfeln.

2 Das Kokosöl in einem Topf erhitzen, Knoblauch, Zwiebel und Chili darin andünsten. Tomate, Kohlrabi und gelbe Linsen kurz mitdünsten und mit Kreuzkümmel, Koriander, Kurkuma, Curry, Salz und Pfeffer würzen.

3 Das Linsengemüse mit der Kokosmilch ablöschen und in ca. 15 Min. gar köcheln lassen. Das Dhal mit Salz und Pfeffer abschmecken und auf einen Teller geben.

WINTER-ROLLS MIT CRANBEERY-DIP

Für 1 Portion (8 Stück) • 40 Min. Zubereitung • Pro Portion ca. 685 kcal, 12 g E, 44 g F, 60 g KH

Es müssen nicht immer Summer-Rolls sein: Im Winter wickeln wir einfach Rotkohl und Feldsalat in Reispapier ein. Das rohe Gemüse versorgt uns mit jeder Menge Vitaminen und Mineralstoffen.

FÜR DEN DIP

1 EL getrocknete Cranberrys (ca. 10 g)
2 EL weißes Mandelmus
2 EL Olivenöl
1 TL Apfelessig
Salz · Pfeffer

FÜR DIE ROLLS

80 g Rotkohl
1 Möhre (ca. 80 g)
¼ Bio-Salatgurke
2 Handvoll Feldsalat (ca. 30 g)
8 Reispapierblätter (ca. 20 cm Ø)
1 EL schwarzer Sesam

1 Für den Dip die Cranberrys in einer Schale mit Wasser bedecken und 10–15 Min. einweichen lassen.

2 Für die Rolls den Rotkohl putzen, waschen und in feine Streifen schneiden. Die Möhre schälen, die Gurke waschen und beides in sehr feine Streifen schneiden. Den Feldsalat putzen, waschen und trocken schleudern.

3 Die Cranberrys in ein Sieb abgießen. Dann mit Mandelmus, Olivenöl, Essig und 2 EL Wasser in einem hohen Rührbecher mit dem Pürierstab fein mixen. Mit Salz und Pfeffer würzen und in ein Schälchen füllen.

4 Die Reispapierblätter nacheinander in einer Schüssel mit kaltem Wasser ca. 1 Min. einweichen, bis sie weich und biegsam sind. Dann nebeneinander auf feuchten Küchentüchern auslegen.

5 Die Reispapierblätter so mit Rotkohl, Möhre, Gurke und Feldsalat belegen, dass rundherum ein Rand frei bleibt. Die Ränder oben und unten, rechts und links über die Füllungen klappen und die Reispapierblätter von unten fest aufrollen.

6 Die Winter-Rolls auf einen Teller legen und mit dem Sesam bestreuen. Den Dip im Schälchen neben die Rolls setzen.

QUINOA MIT AVOCADO UND DATTELN

Für 1 Portion • 15 Min. Zubereitung • 15 Min. Kochen • Pro Portion ca. 950 kcal, 24 g E, 58 g F, 77 g KH

Dieser Salat ist nicht nur schnell zubereitet, er versorgt uns auch mit einer geballten Ladung Antioxidantien und hält lange satt. Das Kurkuma-Dressing ist ein Allrounder und passt auch zu anderen Salaten.

FÜR DEN SALAT

75 g weiße Quinoa
230 ml Gemüsebrühe
125 g Kirschtomaten
½ Avocado
1 EL Zitronensaft
2 Stängel Minze
2 getrocknete Datteln (entsteint)
1 TL Kokosöl
1 EL Pinienkerne
Salz · Pfeffer

FÜR DAS DRESSING

½ Schalotte
1 TL Kokosöl
1 TL gemahlene Kurkuma
1 TL Zitronensaft
1 TL Apfelessig
1 EL Reissirup
2 EL Cashew-Mus
Salz

1 Für den Salat die Quinoa in einem Sieb abbrausen und abtropfen lassen. In einem Topf die Brühe zum Kochen bringen. Die Quinoa darin in ca. 15 Min. gar köcheln lassen, dabei ab und zu umrühren. Die Quinoa in ein Sieb abgießen und abkühlen lassen.

2 Die Tomaten waschen und halbieren. Das Avocadofruchtfleisch mit einem Löffel aus der Schale heben und grob würfeln. Den Zitronensaft über die Avocado träufeln. Die Minze waschen und trocken schütteln, die Blätter abzupfen und fein hacken.

3 Die Datteln in feine Streifen schneiden. Das Kokosöl in einer Pfanne erhitzen, Datteln und Pinienkerne darin kurz anbraten.

4 Quinoa, Tomaten, Avocado, Minze, Datteln und Pinienkerne in einer Schüssel mischen. Mit Salz und Pfeffer würzen.

5 Für das Dressing die Schalotte schälen und fein würfeln. Das Kokosöl in einem Topf erhitzen, die Schalotte mit Kurkuma darin andünsten. Den Saft der Zitrone auspressen und mit Essig, Reissirup, Cashew-Mus, Salz und 50 ml Wasser zur Schalotte geben. Alles mit dem Pürierstab fein mixen. Das Dressing über den Salat geben.

VEGGIE-TATAR MIT BACKKARTOFFELN

Für 1 Portion • 30 Min. Zubereitung • 40 Min. Backen • Pro Portion ca. 445 kcal, 5 g E, 36 g F, 25 g KH

Veggie-Tatar gehört zu meinen Lieblingsgerichten. Die Kombination aus cremiger Avocado, Tomaten und Senf ist unglaublich lecker und sorgt in meinen Kochkursen immer wieder für Begeisterung.

150 g vorwiegend festkochende Kartoffeln
2 ½ EL Olivenöl
½ Tomate
¼ rote Zwiebel
¼ Avocado
1 EL Zitronensaft
1 TL Senf
Salz · Pfeffer
2 Stängel Dill

1 Den Backofen auf 200° vorheizen. Ein Backblech mit Backpapier auslegen. Die Kartoffeln waschen, trocken tupfen und in Stifte schneiden. Die Kartoffeln in einer Schüssel mit 2 EL Olivenöl mischen, auf dem Backblech verteilen und im Ofen (Mitte) in ca. 40 Min. goldbraun backen, dabei zwischendurch wenden.

2 Inzwischen die Tomate waschen und das Fruchtfleisch in kleine Würfel schneiden, dabei den Stielansatz entfernen. Die Zwiebel schälen und fein würfeln. Das Avocadofruchtfleisch mit einem Löffel aus der Schale heben und ebenfalls fein würfeln.

3 Den Zitronensaft mit dem restlichen Olivenöl und dem Senf verrühren. Mit Salz und Pfeffer würzen und die Vinaigrette mit dem Gemüse mischen.

4 Den Dill waschen, trocken schütteln und die Spitzen abzupfen. Ein paar Spitzen für die Deko zur Seite legen, den Rest fein hacken und unter das Gemüse heben.

5 Einen Portionierring auf einen Teller setzen, das Veggie-Tatar hineingeben und leicht andrücken. Den Ring entfernen und das Tatar mit dem restlichen Dill garnieren. Die Backkartoffeln neben dem Veggie-Tatar anrichten.

LACHS MIT MANGO-SALSA UND KOKOS-REIS

Für 1 Portion • 30 Min. Zubereitung • Pro Portion ca. 1065 kcal, 29 g E, 76 g F, 65 g KH

Leckeres Beauty-Food: Der Kokos-Reis ist in Kombination mit der fruchtigen Salsa und dem gebratenen Lachs supernährstoffreich und darüber hinaus ein aromatisches Highlight.

50 g Jasmin-Reis
100 g Kokosmilch
½ Mango
½ Avocado
½ rote Paprika
½ rote Zwiebel
½ Limette
4 Stängel glatte Petersilie
2 EL Olivenöl
Salz · Pfeffer
1 Lachsfilet (ca. 100 g; ohne Haut)

1 Den Reis mit der Kokosmilch und 150 ml Wasser in einem Topf ca. 12 Min. köcheln lassen, bis er gar ist und die Flüssigkeit aufgesogen hat, dabei ab und zu umrühren.

2 Inzwischen die Mango schälen und das Fruchtfleisch in dünnen Scheiben vom Stein schneiden. Das Avocadofruchtfleisch mit einem Löffel aus der Schale heben und fein würfeln.

3 Die Paprika waschen und halbieren, weiße Trennwände und Kerne entfernen und die Hälften klein würfeln. Die Zwiebel schälen und ebenfalls klein würfeln. Den Saft der Limette auspressen. Die Petersilie waschen und trocken schütteln, die Blätter abzupfen und fein hacken. Mango, Avocado, Paprika, Zwiebel und Petersilie in einer Schüssel mit dem Limettensaft und 1 EL Olivenöl mischen. Die Salsa mit Salz und Pfeffer würzen.

4 Das Lachsfilet trocken tupfen. In einer Pfanne das restliche Olivenöl erhitzen und das Filet darin bei starker Hitze rundherum in 5–7 Min. goldbraun braten. Den Kokos-Reis mit dem Lachs und der Salsa anrichten und mit Pfeffer bestreuen.

HEILENDES KITCHARI

Für 1 Portion • 15 Min. Zubereitung • 30 Min. Kochen • Pro Portion ca. 345 kcal, 11 g E, 11 g F, 53 g KH

Kitchari ist ein ayurvedisches Gericht, das fix zubereitet ist und heilend wirken soll. Die leicht verdaulichen und proteinreichen Mungbohnen liefern in Kombination mit Reis alle zehn essenziellen Aminosäuren.

1 kleiner Kohlrabi (ca. 100 g)
1 kleine Möhre (ca. 100 g)
1 kleine Pastinake (ca. 50 g)
1 Stück Ingwer (1–2 cm lang)
½ TL Fenchelsamen
½ TL Korianderkörner
¼ TL Kreuzkümmelsamen
1 EL Kokosöl
30 g Jasmin-Reis
25 g Mungbohnen
Salz · Pfeffer

1 Kohlrabi, Möhre und Pastinake schälen und in kleine Würfel schneiden.Den Ingwer waschen und ebenfalls klein würfeln.

2 Die Gewürze im Mörser fein zerstoßen. Das Kokosöl in einem Topf erhitzen und die Gewürze darin kurz rösten. Das Gemüse, den Reis und die Mungbohnen unter die Gewürze mischen. Mit Salz und Pfeffer würzen und mit 450 ml Wasser ablöschen.

3 Das Kitchari zugedeckt bei niedriger Hitze unter gelegentlichem Rühren ca. 30 Min. sanft köcheln lassen, bis der Reis und die Bohnen gar sind und der Reis das Wasser aufgesogen hat.

ROTKOHL-TABOULEH MIT QUINOA

Für 1 Portion • 15 Min. Zubereitung • 15 Min. Kochen • Pro Portion ca. 505 kcal, 8 g E, 33 g F, 40 g KH

150 ml Gemüsebrühe
40 g weiße Quinoa
80 g Rotkohl
½ kleiner Apfel (ca. 140 g)
½ kleine rote Zwiebel
3 EL Olivenöl
¼ Bio-Salatgurke
½ Bund glatte Petersilie
1 EL Zitronensaft
1 EL Apfelessig
Salz · Pfeffer

1 Die Brühe in einem Topf zum Kochen bringen. Die Quinoa in einem Sieb abbrausen und abtropfen lassen, zur Brühe geben und in ca. 15 Min. gar köcheln lassen, dabei ab und zu umrühren. Die Quinoa abgießen und abkühlen lassen.

2 Den Rotkohl putzen, waschen und fein raspeln. Den Apfel waschen, halbieren, entkernen und grob raspeln. Die Zwiebel schälen und fein würfeln.

3 In einem Topf 1 EL Olivenöl erhitzen und die Zwiebel darin glasig dünsten. Den Rotkohl und den Apfel 5 Min. mitdünsten.

4 Die Gurke waschen und in Würfel schneiden. Die Petersilie waschen, trocken schütteln und die dicken Stiele entfernen, den Rest fein hacken. Das restliche Olivenöl, Zitronensaft und Essig zu einem Dressing verrühren.

5 Die Quinoa mit Apfel-Rotkohl, Gurke, Petersilie und Dressing mischen. Das Tabouleh mit Salz und Pfeffer würzen.

BLUMENKOHL MIT GRÜNER CASHEW-SAUCE

Für 1 Portion • 15 Min. Zubereitung • 40 Min. Backen • Pro Portion ca. 900 kcal, 18 g E, 77 g F, 33 g KH

300 g Blumenkohl
5 EL Olivenöl
1 TL gemahlene Kurkuma
Salz · Pfeffer
1 EL Reissirup (nach Belieben)
1 EL Mandelblättchen
½ Bund glatte Petersilie (ca. 15 g)
½ Bund Basilikum (ca. 15 g)
60 g Cashew-Mus
Salz · Pfeffer

1 Den Backofen auf 175° vorheizen. Ein Backblech mit Backpapier auslegen. Den Blumenkohl putzen, waschen und in Röschen schneiden.

2 In einer Schüssel 4 EL Olivenöl mit Kurkuma, Salz, Pfeffer und nach Belieben mit Reissirup verrühren. Den Blumenkohl mit dem Gewürzöl mischen, auf dem Blech verteilen und 40 Min. im Backofen (Mitte) garen.

3 Inzwischen die Mandelblättchen in einer Pfanne goldbraun rösten. Die Petersilie und das Basilikum waschen und trocken schütteln. Die Blätter abzupfen, ein paar Petersilienblätter beiseitelegen. Die restliche Petersilie, das Basilikum und das Cashew-Mus mit 80 ml Wasser im Hochleistungsmixer oder Standmixer fein pürieren. Die Sauce mit Salz und Pfeffer würzen.

4 Den Blumenkohl mit der grünen Cashew-Sauce anrichten und mit den Mandelblättchen und den Petersilienblättern bestreuen.

SÜSSKARTOFFELPÜREE MIT KIRSCHTOMATEN

Für 1 Portion • 40 Min. Zubereitung • Pro Portion ca. 835 kcal, 12 g E, 53 g F, 73 g KH

Superleckeres Soulfood: cremiges Süßkartoffelpüree mit geschmorten Kirschtomaten. Wie schön, dass darin jede Menge Antioxidantien enthalten sind, die für einen tollen Glow sorgen. Was will man mehr?

2 EL Aceto balsamico
3 EL Olivenöl
½ TL getrockneter Thymian
1 Knoblauchzehe
200 g Kirschtomaten
2 EL Mandelblättchen
1 große Süßkartoffel (ca. 325 g)
2 EL Mandeldrink
1 EL Kokosöl
½ TL frisch geriebene Muskatnuss
½ TL Ceylon-Zimtpulver
Salz · Pfeffer
½ Bund Basilikum

1 Den Backofen auf 175° vorheizen. Essig, Olivenöl und Thymian in einer Schüssel verrühren. Den Knoblauch schälen, durch die Presse drücken und untermischen.

2 Die Tomaten waschen, in einer Auflaufform (ca. 25 × 30 cm) verteilen und die Olivenölmischung darüberträufeln. Die Tomaten im Backofen (Mitte) ca. 30 Min. garen, dabei nach 15 Min. die Mandelblättchen darüberstreuen.

3 Inzwischen die Süßkartoffel schälen, waschen, in grobe Stücke schneiden und in kochendem Wasser in ca. 10 Min gar kochen. Die Süßkartoffel abgießen, den Mandeldrink und das Kokosöl dazugeben und mit einem Kartoffelstampfer zu einem Püree zerdrücken. Mit Muskatnuss, Zimt, Salz und Pfeffer würzen.

4 Das Basilikum waschen und trocken schütteln, die Blätter abzupfen und in feine Streifen schneiden. Das Süßkartoffelpüree mit den Balsamico-Tomaten auf einem Teller anrichten und mit dem Basilikum besteuen.

RISOTTO MIT SPARGEL UND GOJI-BEEREN

Für 1 Portion • 10 Min. Zubereitung • 15 Min. Kochen • Pro Portion ca. 425 kcal, 10 g E, 11 g F, 68 g KH

Safran verleiht dem Risotto eine tolle Farbe und einen ganz besonderen Touch. Mit Spargel und Goji-Beeren wird daraus ein leckeres, gesundes Hauptgericht, dass dich von innen heraus strahlen lässt.

½ Schalotte
225 g grüner Spargel (ersatzweise Schwarzwurzeln)
1 EL Goji-Beeren
1 EL Olivenöl
75 g Risotto-Reis
1 Msp. gemahlener Safran (ersatzweise gemahlene Kurkuma)
400 ml Gemüsebrühe
Salz · Pfeffer

1 Die Schalotte schälen und fein würfeln. Den Spargel waschen, im unteren Drittel schälen und die holzigen Enden entfernen. Die Stangen in kleine Stücke schneiden. Die Goji-Beeren in einem Schälchen in Wasser einweichen.

2 In einem Topf das Olivenöl erhitzen und die Schalotte darin 2–3 Min. andünsten. Den Reis und den Safran kurz mitdünsten. Etwas Brühe hinzufügen und bei niedriger Hitze unter Rühren köcheln lassen. Wenn die Flüssigkeit eingekocht ist, wieder etwas Brühe angießen und unter Rühren einköcheln lassen. So weiter verfahren, bis der Reis bissfest gegart ist. Nach ca. 15 Min. den Spargel dazugeben. Weiterhin unter Rühren köcheln lassen, bis der Reis bissfest ist (das dauert ca. 20 Min.).

3 Den Risotto mit Salz und Pfeffer abschmecken, in eine Schale geben und mit etwas Pfeffer bestreuen. Die Goji-Beeren abgießen und auf dem Spargel-Risotto verteilen.

GLOW BOWL MIT ROTE-BETE-HUMMUS

Für 1 Portion • 30 Min. Zubereitung • Pro Portion ca. 215 kcal, 7 g E, 4 g F, 37 g KH

Diese Bowl ist ein besonderer Beauty-Booster: Brokkoli, Süßkartoffel, Sprossen und Rote-Bete-Hummus liefern jede Menge Antioxidantien, also allerbeste Voraussetzungen für strahlende Fitness.

FÜR DIE BOWL

¼ Brokkoli
1 Süßkartoffel (ca. 150 g)
2 EL Rote-Bete-Sprossen
Salz · Pfeffer
1 TL Sesam

FÜR DEN HUMMUS

100 g Rote Bete (gegart)
110 g Kichererbsen (aus dem Glas)
1 Knoblauchzehe
1 EL Tahin (Sesampaste)
1 TL Zitronensaft
1 EL Olivenöl (ersatzweise Sesamöl)
½ TL getrockneter Rosmarin
Salz

TIPP

Den restlichen Hummus kannst du für eine weitere Bowl oder einen Brotaufstrich in einem Schraubglas im Kühlschrank aufbewahren. Er hält 3 bis 4 Tage.

1 Für die Bowl den Brokkoli putzen, waschen und in Röschen teilen. In einem Topf wenig Wasser erhitzen und den Brokkoli darin zugedeckt in ca. 10 Min. gar dünsten. (Alternativ kann man den Brokkoli auch in einem Dampfgarer dämpfen.)

2 Die Süßkartoffel schälen, waschen und in Würfel schneiden. In einem Topf wenig Wasser erhitzen und die Süßkartoffel darin zugedeckt in ca. 10 Min. gar dünsten. (Alternativ kann man die Süßkartoffel auch in einen Dampfgarer dämpfen.)

3 Für den Hummus die Rote Bete in Stücke schneiden. (Am besten dabei Einweghandschuhe tragen, Rote Beten färben stark.) Die Kichererbsen in einem Sieb abbrausen und abtropfen lassen. Rote Bete und Kichererbsen in den Hochleistungs- oder Standmixer geben. Den Knoblauch schälen und durch die Presse dazudrücken. Tahin, Zitronensaft, Olivenöl, Rosmarin und Salz hinzufügen und alles fein pürieren.

4 Die Sprossen in einem Sieb abbrausen und abtropfen lassen. Brokkoli und Süßkartoffel in einer Schale anrichten, mit Salz und Pfeffer bestreuen. 2 EL Rote-Bete-Hummus daraufsetzen, die Sprossen und den Sesam darüber verteilen.

KARTOFFEL-LACHS-BOWL MIT AVOCADO

Für 1 Portion • 15 Min. Zubereitung • 40 Min. Backen • Pro Portion ca. 800 kcal, 25 g E, 56 g F, 48 g KH

Kartoffeln sind reich an Polyphenolen: Sie haben entzündungshemmende Wirkung und schützen die Zellen vor freien Radikalen. Zusammen mit Lachs und Avocado sorgen sie für einen wunderbaren Glow.

250 g vorwiegend festkochende Kartoffeln
2 EL Olivenöl
¼ Bio-Salatgurke
½ Avocado
½ Zitrone
50 g Rucola
4 Stängel Dill
50 g Kokos-Joghurt
Salz · Pfeffer
50 g Räucherlachs (in Scheiben)

1 Den Backofen auf 200° vorheizen. Ein Backblech mit Backpapier auslegen.

2 Die Kartoffeln waschen und in Würfel schneiden, auf dem Backblech verteilen und mit 1 EL Olivenöl mischen. Die Kartoffeln im Backofen (Mitte) in ca. 40 Min. goldbraun garen.

3 Die Gurke putzen, waschen, längs vierteln und in Stücke schneiden. Das Avocadofruchtfleisch mit einem Löffel aus der Schale heben und in Würfel schneiden. Den Saft der Zitrone auspressen und die Hälfte davon mit der Avocado mischen.

4 Den Rucola verlesen, dicke Stiele entfernen, waschen und trocknen schleudern. Den Dill waschen und trocken schütteln, die Spitzen abzupfen und fein hacken. Den Joghurt mit dem Dill, dem restlichen Zitronensaft, dem übrigen Olivenöl, Salz und Pfeffer zu einem Dressing verrühren.

5 Kartoffeln, Gurke und Avocado leicht salzen und pfeffern, mit Rucola und Räucherlachs in einer Schüssel anrichten. Die Bowl mit dem Dressing beträufelt genießen.

CHILI SIN CARNE MIT KAKAO

Für 1 Portion • 15 Min. Zubereitung • 20 Min. Kochen • Pro Portion ca. 470 kcal, 17 g E, 16 g F, 62 g KH

1 kleine Möhre
1 Stange Staudensellerie
1 kleine, vorwiegend festkochende Kartoffel (ca. 200 g)
1 Schalotte
1 EL Kokosöl
250 ml Gemüsebrühe
1 rote Chilischote
75 g Kidneybohnen (aus dem Glas)
75 g Mais (aus dem Glas)
150 g stückige Tomaten (aus der Dose)
2 EL Tomatenmark
½ TL edelsüßes Paprikapulver
½ TL Ceylon-Zimtpulver
1½ EL rohes Kakaopulver
Salz · Pfeffer

1 Die Möhre schälen und in Scheiben schneiden. Den Sellerie putzen, waschen und in dünne Scheiben schneiden. Die Kartoffel schälen und fein würfeln. Die Schalotte schälen und ebenfalls fein würfeln.

2 Das Kokosöl in einem Topf erhitzen, Möhren, Sellerie, Kartoffel und Schalotte darin bei mittlerer Hitze 2–3 Min. anbraten. Mit der Brühe ablöschen, alles 15 Min. köcheln lassen, dabei ab und zu umrühren.

3 Die Chilischote waschen, halbieren, die Trennwände und Kerne entfernen, die Hälften in feine Würfel schneiden. Chili, Bohnen, Mais, Tomaten und Tomatenmark zum Gemüse geben und 5 Min. mitköcheln lassen. Paprika-, Zimt- und Kakaopulver hinzufügen und das Chili mit Salz und Pfeffer abschmecken.

LACHS AUF GEMÜSE-PASTA

Für 1 Portion • 35 Min. Zubereitung • Pro Portion ca. 590 kcal, 28 g E, 40 g F, 40 g KH

FÜR PASTA UND LACHS

1 kleine Möhre (ca. 100 g)
1 kleiner Zucchino (ca. 100 g)
1 kleine Süßkartoffel (ca. 100 g)
2 Frühlingszwiebeln
½ rote Chilischote
1 Stück Ingwer (1–2 cm lang)
1 Knoblauchzehe
2 EL Kokosöl
1 EL Sesam
2 EL Tamari (Sojasauce ohne Zucker)
Salz · Pfeffer
1 Lachsfilet (ca. 100 g; ohne Haut)

AUSSERDEM

Spiralschneider

1 Für die Pasta die Möhre und den Zucchino putzen und schälen. Die Süßkartoffel schälen und waschen. Die Gemüse mit dem Spiralschneider oder dem Sparschäler in dünne Streifen schneiden. Die Frühlingszwiebeln putzen, waschen und in dünne Ringe schneiden. Die Chilischote waschen, halbieren, die Trennwände und Kerne entfernen, die Hälften in feine Streifen schneiden. Den Ingwer waschen und fein reiben. Den Knoblauch schälen und durch die Presse drücken.

2 In einer großen Pfanne 1 EL Kokosöl erhitzen, Frühlingszwiebeln, Chili, Ingwer und Knoblauch darin 2–3 Min. anbraten.

3 Die Gemüsestreifen dazugeben und kurz in der Pfanne schwenken. Sesam, Tamari und 1 EL Wasser untermischen und alles weitere 5 Min. braten. Mit Salz und Pfeffer würzen.

4 Für den Lachs das restliche Kokosöl in einer zweiten Pfanne erhitzen. Das Filet salzen und auf beiden Seiten ca. 5 Min. braten. Den Lachs mit der Gemüsepasta auf einem Teller anrichten.

PASTA MIT PAPRIKA-WALNUSS-SAUCE

Für 1 Portion • 20 Min. Zubereitung • 20 Min. Backen • Pro Portion ca. 835 kcal, 38 g E, 34 g F, 85 g KH

Pasta aus Hülsenfrüchten wie Kichererbsen oder Linsen gibt es in unzähligen Varianten. So ist es ganz einfach, pflanzliche Proteine in den Speiseplan zu integrieren – unabdingbar für einen schönen Glow.

2 rote Spitzpaprika
½ rote Zwiebel
½ rote Chilischote
2 ½ EL Olivenöl
1 Knoblauchzehe
½ TL Paprikapulver
½ TL Kreuzkümmelsamen
½ TL Korianderkörner
½ TL getrockneter Oregano
125 g Linsenmehl-Pasta
1 EL Walnusskerne
Salz · Pfeffer
½ Bund Basilikum

1 Den Backofen auf 175° vorheizen. Ein Backblech mit Backpapier auslegen. Die Spitzpaprika waschen, halbieren, weiße Trennwände und Kerne entfernen. Die Häflten mit den Schnittflächen nach unten auf das Backblech legen. Die Zwiebel schälen, vierteln und ebenfalls auf das Blech legen. Paprika und Zwiebel im Backofen (Mitte) ca. 20 Min. garen.

2 Das Blech aus dem Ofen nehmen, die Paprika mit einem feuchten Küchentuch bedecken, abkühlen lassen und enthäuten.

3 Die Chilischote waschen, halbieren, weiße Trennwände und Kerne entfernen, die Hälften würfeln. Das Olivenöl mit Chili in eine Schüssel geben. Den Knoblauch schälen und durch die Presse dazudrücken. Paprika, Kreuzkümmel, Koriander und Oregano unter das Chili-Knoblauch-Öl mischen.

4 Die Pasta in Salzwasser nach Packungsangabe bissfest garen. In ein Sieb abgießen und abtropfen lassen.

5 Inzwischen die Walnusskerne fein hacken. Paprika, Zwiebel, Chili-Gewürz-Öl und Walnusskerne mit 2–3 EL Wasser in einem hohen Rührbecher mit dem Pürierstab oder im Standmixer fein pürieren. Mit Salz und Pfeffer würzen.

6 Das Basilikum waschen und trocken schütteln, die Blätter abzupfen und fein hacken. Die Pasta mit der Paprika-Walnuss-Sauce auf einem Teller anrichten und mit Basilikum bestreuen.

ZUCCHINI-SPAGHETTI MIT LINSEN-BOLO

Für 1 Portion • 20 Min. Zubereitung • 10 Min. Kochen • Pro Portion ca. 330 kcal, 17 g E, 12 g F, 36 g KH

Zucchini-Spaghetti sind supergesund und low carb. Sie enthalten reichlich Wasser – gut für die Spannkraft der Haut. Die Antioxidantien Vitamin C und Betacarotin beugen zudem vorzeitiger Hautalterung vor.

½ kleiner Zucchino (ca. 100 g)
½ rote Chilischote
½ Möhre
½ Fenchel
½ rote Zwiebel
1 EL Olivenöl
40 g gelbe Linsen
½ kleine Dose stückige Tomaten (ca. 200 g)
1 EL Tomatenmark
½ TL edelsüßes Paprikapulver
½ TL gemahlene Kurkuma
1 EL getrockneter Oregano
Salz · Pfeffer
½ Bund Basilikum

1 Den Zucchino putzen, waschen und mit dem Spiralschneider oder Julienneschneider zu langen, dünnen Streifen schneiden.

2 Die Chilischote waschen, halbieren, weiße Trennwände und Kerne entfernen und die Hälften in kleine Würfel schneiden. Die Möhre schälen und fein hobeln oder in dünne Scheiben schneiden. Den Fenchel putzen, waschen und in kleine Stücke schneiden. Die Zwiebel schälen und in Würfel schneiden.

3 Das Olivenöl in einer Pfanne erhitzen und die Zwiebel darin glasig dünsten. Linsen, Chili, Möhre und Fenchel hinzufügen und bei starker Hitze 3–4 Min. braten. Die Zucchini-Spaghetti kurz mitbraten, alles mit 100 ml Wasser ablöschen und zugedeckt 10–12 Min. köcheln lassen.

4 Tomaten, Tomatenmark, Paprika, Kurkuma, Oregano, Salz und Pfeffer hinzufügen. Das Basilikum waschen, trocken schütteln und die Blätter abzupfen.

5 Die Zucchini-Spaghetti mit der Linsen-Bolognese anrichten und mit dem Basilikum garnieren.

LACHSWÜRFEL AUF ERBSENPÜREE

Für 1 Portion • 25 Min. Zubereitung • Pro Portion ca. 615 kcal, 29 g E, 45 g F, 23 g KH

Perfektes Anti-Aging-Food: Erbsen liefern Hyaluronsäure, die die Haut von innen polstert und frisch aussehen lässt. Lachs enthält gesunde Omega-3-Fettsäuren und in Zitronensaft stecken Antioxidantien.

FÜR DAS DRESSING
1 Frühlingszwiebel
2 Stängel glatte Petersilie
1 TL Cashew-Mus
1 EL Zitronensaft
¼ TL Chiliflocken
Salz · Pfeffer

FÜR DAS ERBSENPÜREE
½ kleine Zwiebel
1 Knoblauchzehe
1 EL Olivenöl
100 g TK-Erbsen
40 ml Haferdrink
Salz · Pfeffer
frisch geriebene Muskatnuss

FÜR DEN LACHS
1 Lachsfilet (100 g; ohne Haut)
1½ EL Olivenöl
¼ TL edelsüßes Paprikapulver
Salz · Pfeffer

1 Für das Dressing die Frühlingszwiebel putzen, waschen und grob schneiden. Die Petersilie waschen, trocken schütteln und die Blätter abzupfen. Frühlingszwiebel, Petersilie, Cashew-Mus und Zitronensaft in einem hohen Rührbecher mit dem Pürierstab fein mixen und Chiliflocken unterrühren. Das Kräuter-Dressing mit Salz und Pfeffer würzen.

2 Für das Erbsenpüree die Zwiebel schälen und in kleine Würfel schneiden. Den Knoblauch schälen und durch die Presse drücken. In einem Topf das Olivenöl erhitzen, die Zwiebel und den Knoblauch darin 2–3 Min. andünsten. Die Erbsen dazugeben und mit locker aufgelegtem Deckel in ca. 5 Min. gar dünsten. Alles mit dem Pürierstab fein mixen. Den Haferdrink unter das Püree rühren und mit Salz, Pfeffer und Muskatnuss würzen.

3 Für den Lachs das Lachsfilet trocken tupfen und in Würfel schneiden. Das Olivenöl in einer Pfanne erhitzen und die Würfel darin rundherum ca. 2 Min. braten. Das Paprikapulver darüberstäuben und den Lachs mit Salz und Pfeffer würzen.

4 Die Lachswürfel mit dem Erbsenpüree anrichten und das Kräuter-Dressing darüberträufeln.

BROKKOLI MIT KURKUMA-REIS

Für 1 Portion • 25 Min. Zubereitung • Pro Portion ca. 270 kcal, 10 g E, 5 g F, 47 g KH

Kurkuma hat Dank des Antioxidans Curcumin eine stark entzündungshemmende Wirkung – gut für unsere Haut. In Verbindung mit dem vitamin- und mineralstoffreichen Brokkoli genießt du Beauty-Food pur.

40 g Jasmin-Reis
1 TL gemahlene Kurkuma
Salz · Pfeffer
½ Brokkoli
1 EL getrocknete Cranberrys
1 EL Cashewkerne

1 In einem Topf den Jasmin-Reis mit 120 ml Wasser zum Kochen bringen. Den Reis zugedeckt bei niedriger Hitze ca. 20 Min. köcheln lassen, bis er gar ist und das Wasser komplett aufgesogen hat. Den Reis zum Schluss mit Kurkuma, Salz und Pfeffer würzen.

2 Inzwischen den Brokkoli putzen, waschen und in Röschen teilen. Die Brokkoliröschen in einen zweiten Topf mit wenig Wasser geben, leicht salzen und zugedeckt in ca. 10 Min. gar dünsten.

3 Die Cranberrys und die Cashewkerne grob hacken. Einen Portionierring auf einen Teller setzen, den Kurkuma-Reis hineingeben und leicht andrücken. Den Ring abheben und den Kurkuma-Reis mit Cranberrys und Cashewkernen bestreuen. Den Brokkoli daneben anrichten.

BABA GHANOUSH AUF SÜSSKARTOFFEL

Für 1 Portion • 20 Min. Zubereitung • 45 Min. Backen • Pro Portion ca. 685 kcal, 11 g E, 25 g F, 103 g KH

Das Püree aus der arabischen Küche ist eine leckere Detox-Mahlzeit: Granatapfelkerne enthalten jede Menge Kalium, Kalzium, Eisen sowie Antioxidantien. Knoblauch bekämpft Viren und Bakterien.

1 große Süßkartoffel (ca. 350 g)
1 kleine Aubergine (ca. 100 g)
½ Granatapfel
1 Knoblauchzehe
½ Bund glatte Petersilie
1 EL Zitronensaft
2 EL Tahin (Sesampaste)
1 EL Olivenöl
½ TL Kreuzkümmelsamen
¼ TL Chilipulver
Salz · Pfeffer

1 Den Backofen auf 200° vorheizen. Ein Backblech mit Backpapier belegen. Die Süßkartoffel und die Aubergine waschen und mit einer Gabel rundherum Löcher in die beiden Gemüse stechen. Süßkartoffel und Aubergine auf das Backblech legen und in den Backofen (Mitte) geben. Die Aubergine in ca. 30 Min., die Süßkartoffel in ca. 45 Min. garen.

2 Den Granatapfel in einer mit Wasser gefüllten Schüssel auseinanderbrechen und die Kerne herauslösen. Den Knoblauch schälen und grob schneiden. Die Petersilie waschen und trocken schütteln, die Blätter abzupfen und fein hacken.

3 Die Aubergine schälen, in Stücke schneiden und in einen hohen Rührbecher geben. Knoblauch, Zitronensaft, Tahin, Olivenöl, Kreuzkümmel, Chilipulver, Salz und Pfeffer dazugeben und alles mit dem Pürierstab zu einem feinen Baba Ganoush mixen.

4 Die Süßkartoffel längs halbieren, mit den Schnittflächen nach oben auf einen Teller legen und das Baba Ghanoush darauf verteilen. Mit den Granatapfelkernen und der Petersilie bestreuen.

SPINAT-KARTOFFEL-CURRY

Für 1 Portion • 40 Min. Zubereitung • Pro Portion ca. 380 kcal, 9 g E, 24 g F, 30 g KH

200 g vorwiegend festkochende Kartoffeln
1 Schalotte
1 Knoblauchzehe
½ rote Chilischote
1 Stück Ingwer (1–2 cm lang)
1 TL Kokosöl
¼ TL Korianderkörner
¼ TL Garam Masala
½ TL gemahlene Kurkuma
¼ TL Kreuzkümmelsamen
120 g Kokosmilch
50 g Blattspinat
Salz · Pfeffer

1 Die Kartoffeln schälen, waschen und in Stücke schneiden. Die Schalotte schälen und fein würfeln. Den Knoblauch schälen und durch die Presse drücken. Die Chilischote waschen, halbieren, weiße Trennwände und Kerne entfernen, die Hälften in feine Ringe schneiden. Den Ingwer waschen und fein würfeln.

2 Das Kokosöl in einer großen Pfanne erhitzen. Schalotte, Knoblauch, Chili und Ingwer darin bei mittlerer Hitze andünsten. Die Kartoffeln dazugeben und kurz mitbraten. Die Korianderkörner im Mörser zerstoßen, mit Garam Masala, Kurkuma und Kreuzkümmel zu den Kartoffeln geben und 1–2 Min. anbraten. Die Kokosmilch angießen und alles ca. 20 Min. köcheln lassen, dabei ab und zu umrühren.

3 Inzwischen den Blattspinat verlesen, grobe Stiele entfernen, waschen und trocken schleudern. Den Spinat zum Kartoffel-Curry geben, alles mit Salz und Pfeffer abschmecken und weitere 5 Min. köcheln lassen. Das Spinat-Kartoffel-Curry auf einen Teller geben und genießen.

KARTOFFEL-GRÜNKOHL-EINTOPF

Für 1 Portion • 10 Min. Zubereitung • 30 Min. Kochen • Pro Portion ca. 270 kcal, 6 g E, 11 g F, 33 g KH

250 g vorwiegend festkochende Kartoffeln
1 kleine Möhre (ca. 50 g)
1 Schalotte
1 EL Olivenöl
350 ml Gemüsebrühe
40 g Grünkohl
1 TL gemahlene Kurkuma
Salz · Pfeffer

1 Die Kartoffeln und die Möhre schälen und in Würfel schneiden. Die Schalotte schälen und ebenfalls würfeln.

2 Das Olivenöl in einem Topf erhitzen, Schalotte, Möhre und Kartoffeln darin bei mittlerer Hitze 2–3 Min. anbraten. Mit der Brühe ablöschen und alles ca. 20 Min. köcheln lassen.

3 Inzwischen den Grünkohl putzen, waschen und trocken schütteln. Die Blätter in mundgerechten Stücken von den Stielen schneiden oder zupfen, faserige Teile dabei entfernen. Den Grünkohl zum Eintopf geben und alles weitere 10 Min. garen.

4 Den Eintopf mit Kurkuma, Salz und Pfeffer würzen und in einen tiefen Teller geben.

LACHS MIT BROKKOLI UND MANDELN

Für 1 Portion • 30 Min. Zubereitung • Pro Portion ca. 495 kcal, 28 g E, 40g F, 6 g KH

Brokkoli enthält Antioxidantien, die entzündungshemmend wirken. Die ungesättigen Fettsäuren im Lachs sorgen für eine schöne Haut; dabei werden sie von den proteinreichen Mandeln unterstützt.

½ Brokkoli
Salz
2 Frühlingszwiebeln
2 EL Olivenöl
1 Lachsfilet (ca. 100 g; ohne Haut)
1 EL Tomatenflocken (ersatzweise Chiliflocken)
Pfeffer
1 EL Mandelblättchen
1 EL Zitronensaft

1 Den Backofen auf 175° vorheizen. Den Brokkoli putzen, waschen, in Röschen teilen und in wenig Salzwasser zugedeckt in 6–8 Min. gar dünsten. Dann abgießen und abtropfen lassen.

2 Die Frühlingszwiebeln putzen, waschen und in feine Ringe schneiden. In einer ofenfesten Form 1 EL Olivenöl verteilen. Das Lachsfilet salzen, in die Form legen und das restliche Olivenöl darüberträufeln. Frühlingszwiebeln und Brokkoli daneben verteilen. Mit Tomatenflocken und Pfeffer bestreuen. Das Lachsfilet mit dem Gemüse im Backofen (Mitte) 15 Min. backen.

3 Die Mandelblättchen über den Lachs und den Brokkoli streuen und alles 5 Min. weiterbacken. Den Zitronensaft über den Lachs träufeln und genießen.

ROTE-BETE-GNOCCHI MIT SPINAT

Für 1 Portion • 1 Std. 10 Min. Zubereitung • Pro Portion ca. 1010 kcal, 28 g E, 44 g F, 119 g KH

Soul-Food und Skin-Food vom Feinsten: Rote Bete enthält den Pflanzenfarbstoff Betanin, der die Hautalterung verlangsamt. Vitamin C regt die Kollagenbildung an und sorgt so ebenfalls für strahlende Haut.

200 g Rote Bete
200 g mehligkochende Kartoffeln
30 g Blattspinat
100 g Champignons
Salz
100 g Vollkorn-Dinkelmehl (+ etwas mehr zum Arbeiten)
¼ TL frisch geriebene Muskatnuss
4 EL Olivenöl
Pfeffer

1 Die Rote Bete schälen, in 2 cm große Würfel schneiden und in einem Topf mit Wasser zugedeckt 20 Min. köcheln lassen.

2 Die Kartoffeln schälen, waschen und in 2 cm große Stücke schneiden. Zu den Roten Beten geben und beides in weiteren 25 Min. weich kochen. Dann das Wasser abgießen und das Gemüse ausdampfen lassen.

3 Inzwischen den Blattspinat verlesen, waschen und trocken schleudern. Die Champignons putzen und in Scheiben schneiden. In einem Topf reichlich Salzwasser zum Kochen bringen.

4 Die Roten Beten und die Kartoffeln mit dem Kartoffelstampfer zerdrücken. Mehl, Muskatnuss und ¼ TL Salz dazugeben und alles mit den Händen zu einem glatten Teig verkneten. Den Teig auf der mit Mehl bestäubten Arbeitsfläche zu daumendicken Rollen formen und diese in etwa 3 cm breite Stücke schneiden. In die Stücke mit einem Gabelrücken ein Rillenmuster eindrücken. Die Gnocchi im Salzwasser bei niedriger Hitze 2–3 Min. ziehen lassen, bis sie nach oben schwimmen.

5 In einer Pfanne 1 EL Olivenöl erhitzen und die Champignons darin anbraten. Mit Salz und Pfeffer würzen, herausnehmen und das restliche Olivenöl in der Pfanne erhitzen. Die Gnocchi mit dem Schaumlöffel herausheben, abtropfen lassen und im Olivenöl anbraten. Dann mit den Pilzen und dem Spinat anrichten.

POKÉ BOWL

Für 1 Portion • 20 Min. Zubereitung • 30 Min. Marinieren • Pro Portion ca. 850 kcal, 31 g E, 56 g F, 55 g KH

Poké kommt ursprünglich aus Hawaii und bedeutet »in Stücke geschnitten«. Unsere Poké Bowl besteht aus Superfood pur und liefert neben gesunden Omega-3-Fettsäuren jede Menge Mineralstoffe.

60 g Sushi-Reis
2 Frühlingszwiebeln
2 EL Sojasauce (Tamari; ohne Zucker)
1 EL Sesamöl
Salz
1 Lachsfilet (ca. 100 g; Sushi-Qualität, ohne Haut)
½ Avocado
1 EL Zitronensaft
1 EL schwarzer Sesam
1 EL heller Sesam
1 EL Alfalfasprossen
1 EL Rettichsprossen

1 Den Sushi-Reis in 150 ml Wasser ca. 20 Min. kochen, bis er gar ist und das Wasser aufgesogen hat. Den Topf vom Herd nehmen und den Reis abkühlen lassen.

2 Inzwischen die Frühlingszwiebeln putzen, waschen und in dünne Ringe schneiden. In einer Schüssel die Sojasauce mit dem Sesamöl und den Frühlingszwiebeln mischen. Mit Salz würzen.

3 Den Lachs trocken tupfen, in ca. 1 ½ cm große Würfel schneiden und mit der Marinade mischen, bis er gleichmäßig damit überzogen ist. Den Lachs zugedeckt ca. 30 Min. ziehen lassen.

4 Das Avocadofruchtfleisch mit einem Löffel aus der Schale heben, in Würfel schneiden und mit dem Zitronensaft mischen.

5 Beide Sesamsorten in einer Pfanne bei mittlerer Hitze rösten, bis sie duften. Die Sprossen in einem Sieb abbrausen und abtropfen lassen.

6 Den Sushi-Reis in eine Schüssel geben, den marinierten Lachs, die Avocadowürfel und die Sprossen darauf verteilen. Die Poké Bowl mit dem Sesam bestreut genießen.

OFENGEMÜSE MIT KÜRBIS-HUMMUS

Für 1 Portion • 20 Min. Zubereitung • 30 Min. Backen • Pro Portion ca. 645 kcal, 13 g E, 39 g F, 64 g KH

Ofengemüse ist ruck, zuck zubereitet, schmeckt lecker und kann passend zur Jahreszeit immer wieder mit anderem Gemüse zubereitet werden. Selbstgemachter Hummus ist der Clou dazu.

FÜR DEN HUMMUS
90 g Hokkaido-Kürbis
100 g Kichererbsen (aus dem Glas)
1 Knoblauchzehe
1 EL Tahin (Sesampaste)
1 TL Zitronensaft
1 EL Olivenöl
Salz
¼ TL gemahlener Kreuzkümmel
¼ TL Paprikapulver
½ TL gemahlene Kurkuma

FÜR DAS OFENGEMÜSE
1 rote Zwiebel
1 rote Paprika
150 g Hokkaido-Kürbis
2 EL Olivenöl
Salz · Pfeffer

TIPP
Leckere Resteverwertung: Übriges Gemüse einfach würfeln, einfrieren und bei Bedarf zu Ofengemüse verarbeiten.

1 Für den Hummus den Backofen auf 175° vorheizen. Ein Backblech mit Backpapier belegen. Das Kürbisstück waschen und in Stücke schneiden, auf dem Backblech verteilen und im Ofen (Mitte) in ca. 20 Min. weich backen, dabei einmal wenden. Den Kürbis herausnehmen und abkühlen lassen.

2 Inzwischen für das Ofengemüse die Zwiebel schälen und achteln. Die Paprika waschen, halbieren, weiße Trennwände und Kerne entfernen, die Hälften in grobe Stücke schneiden. Das Kürbisstück waschen und in Stücke schneiden. Zwiebel, Paprika und Kürbis mit dem Olivenöl, Salz und Pfeffer in einer ofenfesten Form mischen. Das Gemüse im Backofen (Mitte) in ca. 30 Min. gar backen, dabei einmal wenden.

3 Die Kichererbsen in einem Sieb abbrausen und abtropfen lassen. Den Knoblauch schälen und durch die Presse drücken. Kürbis, Kichererbsen, Knoblauch und die übrigen Hummus-Zutaten im Hochleistungsmixer oder Standmixer fein pürieren.

4 Das Ofengemüse auf einen Teller geben und den Kürbis-Hummus daneben anrichten.

SKIN-FOOD-BALLS

Für 10 Stück • 10 Min. Zubereitung • 30 Min. Kühlen • Pro Portion ca. 135 kcal, 3 g E, 9 g F, 11 g KH

150 g Datteln (entsteint)
85 g Mandeln
2 EL rohes Kakaopulver
1 EL Chia-Samen
5 EL Kokosraspel
½ TL Ceylon-Zimtpulver

1 Die Datteln grob würfeln und mit Mandeln, Kakao, Chia-Samen, 2 EL Kokosraspeln und dem Zimt im Hochleistungsmixer oder Standmixer zu einer glatten Masse pürieren.

2 Aus der Dattel-Mandel-Masse mit den Händen 10 Kugeln formen. Die restlichen Kokosraspeln auf einem Teller verteilen und die Kugeln darin wenden. Die Skin-Food-Balls vor dem Verzehr ca. 30 Min. in den Kühlschrank stellen. Man kann sie im Kühlschrank mindestens 2 Wochen aufbewahren.

BEERIGE SCHOKOCREME

Für 1 Portion • 10 Min. Zubereitung • 10 Min. Kochen • Pro Portion ca. 500 kcal, 11 g E, 18 g F, 76 g KH

100 g gemischte Beeren (frisch oder TK)
200 g Süßkartoffeln
2 EL rohes Kakaopulver
1 EL Mandelmus
2 EL Kokosblütensirup
1 Msp. gemahlene Vanille

1 Frische Beeren waschen und verlesen bzw. putzen. TK-Beeren in einem Sieb auftauen lassen.

2 Die Süßkartoffeln schälen, waschen, in Stücke schneiden und in einem Topf in wenig Wasser zugedeckt in ca. 10 Min. gar dünsten. Dann abgießen und abtropfen lassen.

3 Süßkartoffeln, Kakao, Mandelmus, Kokosblütensirup, Vanille und 50 ml Wasser in einem hohen Rührbecher mit dem Pürierstab fein mixen.

4 Die Süßkartoffel-Schoko-Creme in einer Schale mit dem Beeren-Mix anrichten.

ORANGENEIS MIT SÜSSKARTOFFEL

Für 1 Portion • 20 Min. Zubereitung • 20 Min. Backen • 12 Std. Tiefkühlen • Pro Portion ca. 220 kcal, 4 g E, 2 g F, 43 g KH

Süßkartoffeln im Eis? Unbedingt probieren! Die orangefarbenen Superknollen sorgen für eine feine Süße, ohne zu dominieren. So ganz nebenbei liefern sie noch jede Menge wichtiger Mineralstoffe.

2 Bio-Orangen
½ Zitrone
1 kleine Süßkartoffel (ca. 100 g)
2 EL Mandeldrink

1 Am Vortag für das Eis 1 Orange heiß waschen und abtrocknen, die Schale fein abreiben. Beide Orangen und die Zitrone so schälen, dass auch die weiße Haut mit entfernt wird. Die Fruchtsegmente zwischen den Trennhäuten herausschneiden.

2 Die Zitrusfilets mit der Orangenschale in eine Gefrierbox geben und über Nacht (mindestens 12 Std.) ins Tiefkühlfach stellen.

3 Am nächsten Tag den Backofen auf 200° vorheizen. Die Süßkartoffel waschen, mit einer Gabel rundherum mehrmals tief einstechen, auf ein Backblech legen und im Ofen (Mitte) in ca. 45 Min. gar backen.

4 Die Süßkartoffel halbieren, das Fruchtfleisch mit einem Löffel aus der Schale lösen, in Stücke teilen und abkühlen lassen.

5 Die Süßkartoffel mit den gefrorenen Zitrusfilets, der Orangenschale und dem Mandeldrink im Hochleistungsmixer oder Standmixer pürieren. Mit einem Löffel von der Orangeneismasse Nocken abstechen und auf einem Teller anrichten.

CHIA-POPSICLES

Für 6 Stück • 10 Min. Zubereitung • 30 Min. Quellen • 12 Std. Tiefkühlen • Pro Portion ca. 103 kcal, 2 g E, 7 g F, 6 g KH

FÜR DIE EISMASSE
200 g Himbeeren
150 ml Mandeldrink
1 EL Chia-Samen
200 g Kokosmilch
1 EL Reissirup

AUSSERDEM
6 Popsicle-Formen
(à ca. 150 ml; mit Stielen, ersatzweise 6 Holzstiele)

1 Für die Eismasse die Himbeeren verlesen und nur falls nötig abbrausen und trocken tupfen. Himbeeren und Mandeldrink in einem hohen Rührbecher mit dem Pürierstab oder im Standmixer fein mixen. Die Hälfte der Mischung in den Popsicle-Formen verteilen. Die Formen mit den Deckeln verschließen. Falls die Stiele nicht integriert sind, jeweils einen Holzstiel in die Masse stecken und die Popsicles mindestens 4 Std. gefrieren lassen. Den restlichen Himbeer-Mandeldrink im Kühlschrank aufbewahren.

2 Die Chia-Samen mit Kokosmilch und Reissirup verrühren und 30 Min. im Kühlschrank quellen lassen. Den Chia-Kokos-Pudding in den Förmchen auf der Himbeermasse verteilen. Die Popsicles ohne Deckel erneut mindestens 4 Std. gefrieren lassen.

3 Abschließend den restlichen Himbeer-Mandeldrink auf der Chia-Kokos-Masse verteilen. Die Popsicles erneut mindestens 4 Std. tiefkühlen. Dann aus den Förmchen lösen und genießen.

KURKUMA-POPCORN

Für 1 Portion • 10 Min. Zubereitung • Pro Portion ca. 210 kcal, 6 g E, 7 g F, 31 g KH

1 TL Rapsöl
45 g Popcorn-Mais
1 TL gemahlene Kurkuma
1 Msp. gemahlene Vanille (nach Belieben)

1 Einen kleinen Topf bei mittlerer Hitze heiß werden lassen. Das Rapsöl darin durch Schwenken des Topfs gleichmäßig verteilen. Den Mais hineingeben und den Deckel auflegen. Nach wenigen Augenblicken beginnen die Körner aufzupoppen. Den Topf ab und zu rütteln, ohne ihn anzuheben – die Hitze soll beständig bleiben, damit das Aufpoppen nicht unterbrochen wird.

2 Sobald keine Pop-Geräusche mehr zu hören sind, ist das Popcorn fertig. Die gemahlene Kurkuma nach Belieben mit Vanille mischen. Das Gewürz in den Topf geben und schwenken, bis das Popcorn gleichmäßig damit überzogen ist. Das Popcorn etwas abkühlen lassen, in eine Schüssel füllen und genießen.

FERMENTIEREN

Fermentation ist eine der ältesten Konservierungsmethoden. Klassiker ist fermentierter Weißkohl, das Sauerkraut, doch auch die meisten anderen Gemüsesorten kann man ganz einfach milchsauer einlegen.

Gemüse fermentieren heißt, dass es in Salzlake eingelegt wird. Das Salz konserviert das Gemüse. Fermentierte beziehungweise milchsauer vergorene Lebensmittel wie Sauerkraut, Kimchi, Kombucha, Miso und Tempeh fördern die Bildung einer gesunden Darmflora. Diese ist nicht nur wichtig für die Verdauung, sondern auch für eine gesunde Haut. Fermentierte Lebensmittel haben dank der in ihnen entstandenen lebenden Milchsäurebakterien (Probiotika) einen positiven Einfluss auf unser Immunsystem.

GESUNDE INHALTSSTOFFE

Kimchi strotzt nur so vor Nährstoffen: Es enthält neben vielen Ballaststoffen und sekundären Pflanzenstoffen die Vitamine A, B und C, Proteine, Aminosäuren und Eisen. Sauerkraut ist ein enormer Vitamin-C-Lieferant, wirkt dadurch antioxidativ und stärkt die Abwehrkräfte. Gekauftes Sauerkraut und Kimchi wurden zur Haltbarmachung erhitzt, sie enthalten viele dieser wertvollen Inhaltsstoffe deshalb nicht mehr. Selber machen ist also gesünder.

ALLES FERMENTIERT

Fast alle Gemüse kann man fermentieren. Besonders geeignet sind harte Sorten wie Kohl, Radieschen, Kohlrabi, Möhren, Fenchel, Zwiebeln, Bohnen und Rote Bete, aber auch Tomaten und Gurken. Du kannst die Gemüse zudem spannend würzen oder miteinander mischen. Probiere neben Klassikern wie Kimchi (siehe Seite 150) und Sauerkraut (siehe Seite 153) auch mal Kombinationen aus Tomaten, Paprika und Chili oder Rote Bete mit Meerrettich und Zwiebeln.

DIE UTENSILIEN

Die Ausstattung ist ganz simpel. Du brauchst:

- Einmachgläser mit Schraubverschluss oder Drahtbügelgläser (½–1 l Inhalt). Alternativ kannst du Gläser mit speziellen Fermentieraufsätzen verwenden (in Internetshops erhältlich).
- Stößel zum Zusammendrücken des Ferments, aus Holz oder aus Kunststoff.
- Gewichte zum Beschweren des Ferments, am besten aus Glas. Alternativ packst du einen schweren Stein in einen Gefrierbeutel.

DAS FERMENTIER-EINMALEINS

- Damit das Gemüse nicht schimmelt und die ganze Arbeit umsonst war, solltest du penibel auf Hygiene achten. Das heißt: Hände gründlich waschen und die Utensilien vorher mit kochendem Wasser übergießen – das tötet Keime zuverlässig ab. Das Gemüse gründlich putzen und waschen.
- Das Ferment muss stets mit Salzlake bedeckt sein, damit Schimmel keine Chance hat.
- Verlasse dich bei der Überprüfung des Gärguts immer auf deine Sinne – du riechst und siehst, ob das fermentierte Gemüse schlecht geworden ist. Ein übler Geruch, eine rosa oder dunkle Verfärbung des Gemüses sind Anzeichen für einen Pilzbefall. Da hilft nur noch Entsorgen.

STEP 1

VORBEREITEN

Das Glas mit Deckel oder Fermentieraufsatz, das Gewicht und eine große Schüssel mit kochend heißem Wasser ausspülen. Für einen fermentierten Gemüse-Mix 1 Handvoll Grünkohlblätter waschen und zerzupfen, 1 Möhre schälen und raspeln, 3 Radieschen putzen, waschen und in Stifte schneiden, 1 kleine rote Zwiebel schälen und in Ringe schneiden, ½ Stange Staudensellerie putzen, waschen und in Scheiben schneiden.

STEP 2

EINFÜLLEN

Das Gemüse mit 1 EL Senfsamen in das Glas geben und mit dem Stößel zusammendrücken, bis Wasser austritt. Soviel Salzwasser dazugießen (2 g Salz pro 100 ml Wasser), dass das Gemüse damit bedeckt ist. Beim Fermentieren entstehen Gärgase, die entweichen müssen. Die Gläser deshalb nicht zu fest verschließen: Drahtbügelgläser ohne Gummiring verschließen, Gläser mit Schraubverschluss nur leicht zudrehen, spezielle Fermentiergläser mit dem Aufsatz verschließen.

STEP 3

FERMENTIEREN

Das Gemüse soll 7 Tage bei Zimmertemperatur fermentieren. Dann kannst du es probieren: Es sollte frisch-säuerlich schmecken und noch leicht knackig sein. Ist das Aroma noch wenig ausgeprägt, lässt du das Gemüse noch ein paar weitere Tage fermentieren. Sobald es den gewünschten Geschmack hat, kannst du es genießen oder du stellst es in den Kühlschrank. Bei kühlen Temperaturen verlangsamt sich der Fermentationsprozess. Fermentiertes Gemüse ist bis zu 6 Monate haltbar. Die Aromen werden mit der Zeit sogar noch etwas intensiver.

KIMCHI

*Für 1 Glas (ca. 700 ml) • 50 Min. Zubereitung • 7 Tage Fermentieren •
Pro Glas ca. 175 kcal, 9 g E, 4 g F, 26 g KH*

Das koreanische Nationalgericht ist ein wertvoller Vitaminlieferant: Vitamin A, B und C sowie natürliche Probiotika, die in milchsauer vergorenen Gemüsen vorkommen, bekämpfen schädliche Darmbakterien.

FÜR DAS KIMCHI
300 g Chinakohl
1 Stück Rettich (40 g)
½ Möhre (ca. 40 g)
2 Frühlingszwiebeln
1 rote Chilischote
1 Stück Ingwer (1–2 cm lang)
2 Knoblauchzehen
2 EL edelsüßes Paprikapulver
1 EL Chilipulver
1 EL Reismehl
Salz

AUSSERDEM
1 Glas mit Deckel (ca. 700 ml)
1 Stößel
Gewicht zum Beschweren

TIPP
Ich genieße von meinem Kimchi-Vorrat immer ein paar Löffel als Beilage zum Mittag- oder Abendessen.

1 Das Glas mit Deckel, Stößel, Gewicht und eine große Schüssel mit kochend heißem Wasser ausspülen und abtropfen lassen.

2 Den Chinakohl putzen, waschen und vierteln. Die Viertel in lange, feine Streifen schneiden oder hobeln und in die Schüssel geben. Rettich und Möhre schälen und zum Kohl raspeln oder hobeln. Die Frühlingszwiebeln putzen, waschen und in feine Ringe schneiden. Die Chilischote waschen, halbieren, weiße Trennwände und Kerne entfernen, die Hälften fein würfeln. Den Ingwer waschen und fein reiben, den Knoblauch schälen und durch die Presse drücken.

3 Frühlingszwiebeln, Chili, Ingwer und Knoblauch zum Gemüse in der Schüssel geben. Paprika-, Chilipulver und Reismehl hinzufügen und alles vermischen.

4 Das Gemüse in das Glas füllen und mit dem Stößel zusammendrücken, bis Wasser austritt. Soviel Salzwasser dazugießen (2 g Salz pro 100 ml Wasser), bis das Gemüse damit bedeckt ist, dabei darauf achten, dass im Gefäß mindestens 1 cm Rand frei bleibt. Das Glas mit dem Deckel locker verschließen. (Bei Verwendung eines Bügelglases den Gummiring entfernen.)

5 Das Gemüse bei Zimmertemperatur 7 Tage fermentieren lassen. Dann probieren und entweder gleich verwenden beziehungsweise im Kühlschrank aufbewahren oder noch ein paar Tage weiter fermentieren lassen.

SAUERKRAUT

Für 1 Glas (ca. 700 ml) • 30 Min. Zubereitung • 7 Tage Fermentieren •
Pro Glas ca. 135 kcal, 6 g E, 1 g F, 16 g KH

Fermentierte Lebensmittel wie Sauerkraut unterstützen eine gesunde Darmflora und sorgen somit auch für reine Haut und einen schönen Glow. Idealerweise sollten wir jeden Tag 50 bis 100 Gramm davon essen.

FÜR DEN KOHL
500 g Weißkohl
2 EL Kümmel
Salz

AUSSERDEM
1 Glas mit Deckel (ca. 700 ml)
1 Stößel
Gewicht zum Beschweren

1 Das Glas mit Deckel, Stößel, Gewicht und eine große Schüssel mit kochend heißem Wasser ausspülen und abtropfen lassen.

2 Den Kohl putzen, dabei den Strunk entfernen. Den Kohl waschen und fein hobeln. In die Schüssel geben. Den Kümmel im Mörser zerstoßen und mit dem Kohl mischen.

3 Den Kohl in das Glas füllen und mit dem Stößel fest zusammendrücken, bis Wasser austritt. Soviel Salzwasser dazugießen (2 g Salz pro 100 ml Wasser), bis das Gemüse damit bedeckt ist, dabei darauf achten, dass im Gefäß mindestens 1 cm Rand frei bleibt. Das Glas mit dem Deckel locker verschließen. (Bei Verwendung eines Bügelglases den Gummiring entfernen.)

4 Den Kohl bei Zimmertemperatur 7 Tage fermentieren lassen. Dann probieren und entweder gleich verwenden beziehungsweise im Kühlschrank aufbewahren oder noch ein paar Tage weiter fermentieren lassen.

FERMENTIERTE TOMATEN-SALSA

Für 1 Glas (ca. 700 ml) • 20 Min. Zubereitung • 7 Tage Fermentieren • Pro Glas ca. 100 kcal, 6 g E, 1 g F, 16 g KH

Ihre leuchtend rote Farbe verdanken Tomaten dem Antioxidans Lycopin, das die Zellen vor freien Radikalen schützt. Fermentierte Tomaten sorgen für eine gesunde Darmflora, Chilis regen die Verdauung an.

FÜR DIE TOMATEN
500 g Tomaten
1 rote Chilischote
1 grüne Chilischote
2 Knoblauchzehen
Salz

AUSSERDEM
1 Glas mit Deckel (ca. 700 ml)
1 Stößel
Gewicht zum Beschweren

TIPP
Die Tomaten-Salsa ist eine super Begleitung zu Ofengemüse oder Bowls.

1 Das Glas mit Deckel, Stößel, Gewicht und eine große Schüssel mit kochend heißem Wasser ausspülen und abtropfen lassen.

2 Die Tomaten waschen und in kleine Stücke schneiden, dabei die Stielansätze entfernen. Die Chilischoten waschen, halbieren, weiße Trennwände und Kerne entfernen. Die Hälften in feine Ringe schneiden und in die Schüssel geben. Den Knoblauch schälen und durch die Presse in die Schüssel drücken.

3 Die Tomatenmischung in das Glas füllen und mit dem Stößel fest zusammendrücken, bis Wasser austritt. Soviel Salzwasser dazugießen (2 g Salz pro 100 ml Wasser), bis das Gemüse bedeckt ist, dabei darauf achten, dass im Gefäß mindestens 1 cm Rand frei bleibt. Das Glas mit dem Deckel locker verschließen. (Bei Verwendung eines Bügelglases den Gummiring entfernen.)

4 Die Tomaten-Salsa bei Zimmertemperatur 7 Tage fermentieren lassen. Dann probieren und entweder gleich verwenden beziehungsweise im Kühlschrank aufbewahren oder noch ein paar Tage weiter fermentieren lassen.

REGISTER

IMPRESSUM

Projektleitung: Vanessa Lotz
Lektorat: Gertrud Köhn
Korrektorat: Susanne Bodensteiner
Innen- und Umschlaggestaltung: independent Medien-Design, München: Horst Moser (Artdirection), Svenja Wamser
Herstellung: Martina Koralewska
Satz: Gertrud Köhn, München
Reproduktion: Medienprinzen GmbH, München
Druck und Bindung: Firmengruppe APPL, aprinta druck, Wemding

Printed in Germany

1. Auflage 2019
ISBN 978-3-8338-6979-2

Umwelthinweis:
Dieses Buch ist auf PEFC-zertifiziertem Papier aus nachhaltiger Waldwirtschaft gedruckt.

Bildnachweis:
Alle Fotos: Becca Crawford

Syndication:
www.seasons.agency

DIE AUTORIN

Hannah Frey ist Food-Bloggerin, Ernährungsexpertin, Gesundheitswissenschaftlerin, Yogalehrerin und Kochbuchautorin. 2013 startete sie ihren Blog »Projekt: Gesund leben«, der mit über 500.000 Seitenaufrufen zu den bekanntesten Gesundheitsblogs Deutschlands zählt. Mit ihrem Blog, den Kochkursen, Workshops und Retreats motiviert und inspiriert Hannah Frey zu einem gesunden Lifestyle. Mehr Infos gibt es unter www.projekt-gesund-leben.de.

DIE FOTOGRAFIN

Die australische Fotografin **Becca Crawford** lebt in Berlin. Sie wuchs in Sydney auf und studierte an der University of New South Wales Architektur. Nach einem Mode-Masterstudium an der Parsons (New School of Design) in New York City erhielt sie ein Stipendium zur Promotion in Visual Design an der University of Technology von Sydney. Beccas ganzheitliche Herangehensweise und Vielfalt erkennt man in jedem ihrer Shootings. Zusammen mit **Xenia Oswald** (Foodstyling) hat sie die Rezepte für Inner Glow in Szene gesetzt.

Backofenhinweis:
Die Backzeiten können je nach Herd variieren. Die Temperaturangaben in unseren Rezepten beziehen sich auf das Backen im Elektroherd mit Ober- und Unterhitze und können bei Gasherden oder Backen mit Umluft abweichen. Details entnehmen Sie bitte Ihrer Gebrauchsanweisung.

QUALITÄTS G|U GARANTIE

LIEBE LESERINNEN UND LESER,

wir wollen Ihnen mit diesem Buch Informationen und Anregungen geben, um Ihnen das Leben zu erleichtern oder Sie zu inspirieren, Neues auszuprobieren. Wir achten bei der Erstellung unserer Bücher auf Aktualität und stellen höchste Ansprüche an Inhalt und Gestaltung. Alle Anleitungen und Rezepte werden von unseren Autoren, jeweils Experten auf ihren Gebieten, gewissenhaft erstellt und von unseren Redakteuren/innen mit größter Sorgfalt ausgewählt und geprüft.

Haben wir Ihre Erwartungen erfüllt? Sind Sie mit diesem Buch und seinen Inhalten zufrieden? Haben Sie weitere Fragen zu diesem Thema? Wir freuen uns auf Ihre Rückmeldung, auf Lob, Kritik und Anregungen, damit wir für Sie immer besser werden können. Und wir freuen uns, wenn Sie diesen Titel weiterempfehlen, in Ihrem Freundeskreis oder bei Ihrem online-Kauf.

Sollten wir Ihre Erwartungen so gar nicht erfüllt haben, tauschen wir Ihnen Ihr Buch jederzeit gegen ein gleichwertiges zum gleichen oder ähnlichen Thema um.

KONTAKT

GRÄFE UND UNZER VERLAG
Leserservice
Postfach 86 03 13
81630 München
E-Mail: leserservice@graefe-und-unzer.de

Telefon: 00800 / 72 37 33 33*
Telefax: 00800 / 50 12 05 44*
Mo-Do: 9.00-17.00 Uhr
Fr: 9.00-16.00 Uhr
(*gebührenfrei in D,A,CH)

www.facebook.com/gu.verlag

GRÄFE UND UNZER

Ein Unternehmen der
GANSKE VERLAGSGRUPPE